U0784920

漫说妇联那些事儿

姚建／编
李强／绘

山东人民出版社·济南
国家一级出版社 全国百佳图书出版单位

图书在版编目（CIP）数据

漫说妇联那些事儿 / 姚建编；李强绘 .--济南：山东人民出版社，2023.3
ISBN 978-7-209-13576-4

Ⅰ. ①漫… Ⅱ. ①姚… ②李… Ⅲ. ①妇女工作—中国—通俗读物 Ⅳ. ①D442.6-49

中国国家版本馆CIP数据核字（2023）第026241号

漫说妇联那些事儿
MANSHUO FULIAN NAXIE SHIER
姚建 编　李强 绘

主管单位　山东出版传媒股份有限公司
出版发行　山东人民出版社
出 版 人　胡长青
社　　址　济南市市中区舜耕路517号
邮　　编　250003
电　　话　总编室（0531）82098914
　　　　　市场部（0531）82098027
网　　址　http://www.sd-book.com.cn
印　　装　济南新先锋彩印有限公司
经　　销　新华书店

规　　格　16开（170mm×220mm）
印　　张　14.5
字　　数　180千字
版　　次　2023年3月第1版
印　　次　2023年3月第1次
印　　数　1-5000
ISBN 978-7-209-13576-4
定　　价　79.00元
如有印装质量问题，请与出版社总编室联系调换。

序言一

一本关于妇联的说明书

关于妇联，不同年龄段的人可能有不同的印象。年长一点的，记忆可能还停留在中年大姐的婆婆嘴上，为女同胞的事操碎了心。对于年轻一代，妇联是个什么样的存在，跟自己有什么关系，也有不少的问号。

或许你听说过妇联但没接触过，或许接触过但不知究竟。没关系，今天，一本介绍妇联组织的说明书来了。妇联是谁，她为了谁？妇联干部是些什么样的人，都在忙什么？这本书都会告诉你答案。虽然是轻松的漫画体，但专业的功底浸透纸背。因为写这本书的，是资深的妇女新闻工作者。内部人写的说明书，一定是能说明白的。

本书主笔姚建先生是中国妇女报山东记者站站长，作为妇女报的男记者，入社之初，必定是听过前辈们讲的掌故的。譬如，外出采访的时候，接待单位经常会想当然地把妇女报的男记者和其他媒体的女记者安排在一室，也经常会遇到尬聊和略感惊愕的目光——“妇女报来的是位男同志……哈哈”。久而久之，就无分性别了，说话办事习惯性地站在那半边天——“我们妇女如何如何……”

这或许就叫职业投入吧！我们常说，男女平等的实现程度是衡量一个社会文明程度的天然标尺，追求男女平等的事业是伟大的。而所有的妇联工作者，包括像姚建先生这样的男同志，都是在为这份伟大的事业服务。

之所以伟大，首先在于其价值目标，是为着占人口半数的妇女平等参与、全面发展、共建共享。事实上，妇女事业的每一步进展，也有利于男性，有利于整个社会。其次，妇联的同志经常很自豪地说，我们服务的是6亿多妇女、3亿多儿童、4亿多家庭。为此，妇联自创了很多有针对性的活动品牌，像“巾帼行动”“春蕾计划”“最美家庭”等等，具有广泛的社会知名度和美誉度。许多促进妇女儿童发展的工作，比如对女科技工作者的政策支持，各地的儿童友好城市建设，背后也都有妇联组织的源头推动。

工作对象之广也意味着工作难度之大。公众所熟知的妇联工作主要是维权，比如反对就业歧视、家庭暴力、性骚扰等。每每遇到关系妇女儿童权益的舆情事件，网民都会呼吁妇联组织出来回应，这是一份沉甸甸的信任。对于群团组织来说，遇事能想到你，一定比没有存在感强。在党政主导的维权机制下，妇联组织或协调推动、或发声谴责、或帮扶关爱，力求做到哪里的妇女儿童权益受到侵害，哪里的妇联组织就有行动。

把维权的大旗扛在自己的肩上，妇联人说，这是本分。作为党领导下的人民团体，践行党的初心使命，坚持以人民为中心的发展思想，既是“国之大者”，也是具体而微的身边人身边事。桥梁和纽带，只有建立在这样坚实的基础上，才是稳固和牢靠的。

以上所言，也只是妇联全貌之一角。妇联就在你身边，要想比较系统地了解这个组织，知其名更知其实，看看本书是一个便捷的路径，其内容专业，形式又活泼，是一本向社会宣传妇联的难得好书。

当然，知行合一更重要。读完这本书，恳请大家更支持妇联工作，多参加妇联组织的活动。妇联工作的法宝，归根到底就是一个“联”字。

中国妇女报社社长、总编辑

孙钱斌

序言二

让读者读下去、记得住、用得上

从1922年中共中央设立妇女部到今天的中华全国妇女联合会，全国妇联光荣地走过了整整一百年的辉煌历程。

作为党直接领导的群众组织，全国妇联组织动员广大妇女投身于党领导下的中华民族从站起来、富起来到强起来的历史性飞跃，走出了一条对全球妇女发展都具有重要借鉴意义的中国特色社会主义妇女发展道路，既有力地阐明了“我们党始终坚持把实现妇女解放和发展、实现男女平等写在自己奋斗的旗帜上，始终把广大妇女作为推动党和人民事业发展的重要力量，始终把妇女工作放在重要位置”的这“三个始终”就是党领导妇女运动和妇女发展的本质体现、中国特色社会主义妇女发展道路的基本特征和中国妇女为世界男女平等事业作出重要贡献的政治优势，又突出地展示了：强调妇联作为群团组织的政治性、先进性和群众性，才能不负党的重托、不负姐妹的期待、不负时代的使命，做好党的为人民服务宗旨的忠实践行者、党的妇女群众路线的坚定执行者和党的妇女群众工作的先进组织者。

为了更好地从横向整合社会各界力量、从纵向团结广大妇女姐妹，一起推动党的妇女工作和妇女发展，全国妇联始终不忘通过重要活动、重点服务和重大作为来强化自己的社会影响力和群体凝聚力，同时还借助各种有效形式去主动地深入基层社会和贴近妇女群众，让妇联组织更加家喻户晓，让全社会都了解和信任妇联。我欣喜地看到，由姚建和李强合作编写、山东人民出版社推出的《漫说妇联那些事儿》一书，既别出心裁，又别出一格地把妇联组织的社会推介与宣传进行颇有形式与内容双重创设的推陈出新，成为这类图书罕见的一大亮点。依我之见，这本书的新意和价值主要集中在以下几个方面：

一是运用图文并茂，特别是借助漫画的形式来诉说妇联的故事，不仅寓知识于图解，一目了然、通俗易懂和生动活泼，而且还拉近与读者的社会距离，在产生对妇联的亲近感中，增加阅读了解的热情和兴趣。显然，通过喜闻乐见提升群众对妇联的知晓率、关切度和互动感，其实也是妇联组织群众性的一个重要表现。

二是注意到读者的分类和聚焦，使受众更加有针对性和目标性，有计划地去覆盖那些还没有被现存形式吸引到的妇女群体，加强了本书与读者对象更有效的对接，体现了本书著者的善意和责任意识。我以为，这本书特别适合对妇联了解甚少，甚至存有疑问和看法的人士。了解和针对妇女群众的各种分布和结构特征进行有目标定位的推介和宣传妇联，也是妇联作为群团组织的一个基本要务。

三是在内容选取和结构设计上颇具心思，显示出比较好的推介和宣传妇联的知识容量和学用结合的效能。在章节编排上，突出开卷第一章的导读功能，以社会上对妇联还存在的误解入手，既起到引人注目、探其始末的阅读好奇，又能进行解惑和正误，不仅大大加深对妇联组织的正确认识和印象，而且增强随后持续阅读和经常学习的可能性。在时间维度上，强调时期和时点的结合、动态全过程和静态转折点的兼顾，既有第二章对妇联组织历史演变的过程回顾，又有第四章对妇联组织现时职能的重点描述和对未来发展的多元展望，特别有利于读者进行全书阅读，帮助读者完整地把握妇联组织的发展全过程和预期未来高质量发展的总体趋势，甚至在一定程度上还帮助读者系统了解妇联组织诞生的历史背景和性别意义，深入认知妇联组织时期变迁与发展的动力机制和时代价值，促使她们把自己的利益需要和性别期待也融入对妇联组织未来发展的思考当中。在内容组合上，第三章关于作为妇联工作基本遵循的全国妇联章程的介绍是很重要的，在很大程度上增添了本书所传递的妇联概况的权威性和规范性，而且还通过章程的核心内容，辅助读者从规范的读本中认知、领悟和把握到妇联的宗旨、性质、架构和程序，特别是关于政治性、先进性和群众性的组织定位；还有第四章“关于妇联，我们要知道的那些事儿”，更是结构饱满、内容丰富，而且重点突出、描述精准，囊括了妇联组织的责任领域、组成机构、功能维度、工作要点和活动形式，可以说基本上做到全方位的覆盖和关键点的提炼，让读者读下去、记得住、用得上。

四是在强调权威性和趣味性推介的同时，始终呈现出一种深厚的情感倾向，那就是对妇联组织的敬重和景仰、对妇女事业的重视和热爱，以及对妇女群众的关心和爱护。能够达到这样的情感境界，还真的不是很容易，首先，两位作者都是男性，要跨越性别距离，克服对妇联的一知半解甚至本身存在的误解，讲好关于妇联的故事，是要克服障碍和下大功夫的；其次，作者虽然是《中国妇女报》记者，但毕竟不是妇联组织第一线的工作人员，另一位作者更是跨界而为，要把漫画和妇联那些事儿进行零对接，甚至用漫画来准确讲述和呈现妇联的那些事儿，都是一种不小的挑战；再次，妇联组织的那些事儿还涉及好多学科的知识及其应用，只有侧重某个专业学科的修学背景和知识积累，也是难以胜任的。所以，没有对妇联组织及其所从事的妇女事业的深厚感情，以及从这份感情延伸出来的社会责任感，是不可能推出如此有温度的关于妇联组织的专门读本，从这个意义上来说，他们的辛苦追求已经成功了。相信随着这本书推向社会，走进越来越多的读者当中，一定会受到欢迎和好评的。而且他们的成功实践还告诉我们，推介和宣传妇联组织、支持和推动妇女发展，其实也是男性共责共建的社会义务，是可以也应该有所作为的。

从这本书的成功编绘，我以为，还给我们带来几个重要的启示：第一，要推出这样一本书，一定要站在目标读者的需求之上，广大妇女群众了解妇联吗？还有哪些妇女不了解，或者不了解的都是哪些方面的情况？她们想了解吗或者去了解的动机、意义和价值是什么？喜欢或者偏好于以什么样的形式去了解？只有从目标受众的角度把这些问题弄清楚，我们才能有效地了解她们的实际需要和学习习惯，通过我们的编写，来激发她们阅读的意愿和热情，并通过阅读能有所收获和学以致用。总而言之，心系目标读者的真切需要来写作出书，才是有意义的知识生产劳动，也是妇联组织所期待和乐观其成的。可以说，《漫说妇联那些事儿》注意到自己的图书市场定位，尽其所能去有效地对接目标读者群体。

第二，还要站在过往作者的肩膀之上。在对接意愿读者需求的写作上，很可能有人捷足先登了，了解相关图书市场的供求情况，特别是已经推出的类似图书的编写现状，是非常必要的，一方面要尽力防止重复写作，造成有限资源的浪费，另一方面在充分调研的情况下，明确我们是否具备超越的能力，以避免低水平写作，还有一个方面，如果已有图书通过改版或再版就可以补缺补漏，那么我们就要力戒弥补性写作。所以站在前人肩膀上，居高望远，一般是可以推出有价值的创新之作。据我个人了解，《漫说妇联那些事儿》既注意在现有类似图书供给上的推陈出新，又努力在内容组合和写作形式上和学术界推出的专业教科书、妇联系统编写的实务工具书区别开来，所以还是非常有特色和价值的一次写作尝试。

最后，更要站在时代赋予的使命之上。有了时代使命感，就会既走入历史，了解妇联的过往，更会走向新时代，站在时代的最前沿，在讲述妇联故事时努力体现新时代新征程的新风貌、新要求、新期待和新任务；就会关注理论和实践的结合，在更新的理论建构和实践检验中，去讲好妇联的故事；就会着眼未来，走向世界，在更远更大的时空里，去抒写和分享妇联的故事。值得欣慰是，《漫说妇联那些事儿》一书也在这个方面做出令人满意的努力。

在这里，要感谢作者给我率先阅读和学习的机会，我期待着很快就会形成的来自读者和社会的双重反响，更期待着有更多具有性别友好和温度的讲好妇联组织故事的特色读本接续推出。

是为序！

中国妇女研究会副会长、山东女子学院特聘教授

叶文振

癸卯初春于福州大学城

目录

CHAPTER
ONE

第一章

关于妇联，
那些根深蒂固的误解

一、妇联到底是干啥的？

曾经有一位在妇联工作的小姐姐，

一时兴起，做了一个路边采访，

那回答简直了，五花八门。

呃……
无语……

妇联？就是帮助困难妇女的。
妇联就是给被家庭暴力的妇女撑腰的，只管妇女，男同志被家暴应该不会管！
享清福的。
管我妈还有我们小孩儿的。
妇联……号召大家捐钱的吧？

无语 Plus……

你以为的妇联——

唱唱跳跳搞活动，

讲座唠嗑享清福。

实际上的妇联——

思想引领、组织建设、女性创业、
妇女维权、家庭教育……
性别平等、女性发展、巾帼脱贫、
国际民间交流、“三注重”家风建设……
你想到和想不到的，我们都在做。

现已加入妇联工作豪华套餐！

二、妇联需要加入吗？需要缴纳会费吗？

很多人以为妇联要有一个“加入”仪式，

而且还要缴会员费。

其实，只有团体会员才需要“加入”。

只要身为女性，就是各级妇联联系、服务的对象。

妇联还为儿童、家庭服务。

而且和其他群团组织不一样，

妇联没有会员费一说。

三、妇联里有男同志吗？

靠边站，靠边站，男同志靠边站！

妇联里怎么可能有男同志？

No No No！这个可以有！

咳！这位同志快醒醒，你怕是有点误会。
男同志要想在妇联这块宝地求生存、图发展，
“活力”一定要满满。

我说的“活力”，是粗活、累活、重活、脏活，眼中有“活”，打水搬包、清洁打扫、修电脑换灯泡，都要出“力”。
呃……

另外呀，下乡扶贫、出差调研、参加会议……也是“非你莫属”！
啊……

最后，妇联主席真的没有男的，“男妇女主任”大概只存在于影视剧里吧。
咔嚓！

往后余生，
跑腿儿是你，
干活是你，
享福不是你……
我太难了……

四、妇联可以为男性维权吗？

几个大老爷们聊天中……

绝望煮去……

事实上，虽然女性占被家暴的90%以上，
但客观上，也存在男性被家暴的情况。

比如《反家暴法》实施后，
某地的一例家暴案就是丈夫诉妻子虐待，要求离婚。
所以男性如果遇到家暴，
同样可以诉诸妇联寻求帮助。

五、是时候展现真正的实力，把妇联那些事儿说清楚了……

作为妇联人，遇到最苦闷的事，是总有人问：

“妇联是干什么的？”

是时候展现真正的实力了，把妇联那些事说清楚了。

因为，你们对妇联，

可能真的**一无所知**。

思想引领、组织建设、女性创业、

妇女维权、家庭教育……

你能想到的，妇联人都干；

性别平等、女性发展、巾帼脱贫、

民间交流、家风建设……

你想不到的，妇联也在默默做。

不可否认，一段时期内，
群团组织存在机关化、行政化、贵族化、娱乐化的倾向。
但是随着群团改革的深化，
妇联组织不断增强政治性、先进性、群众性。

那么，妇联到底是什么样的组织？

简言之，

妇联是党联系妇女群众的桥梁纽带。

具体来说，以引领、服务、联系妇女为根本任务，

以代表和维护妇女权益、促进男女平等

和妇女全面发展为基本职能。

“我负责貌美如花，你负责赚钱养家。”
送给女性的这一句话，可是彻彻底底的“毒鸡汤”。
请慎喝！

女性要过上幸福的生活，
首先要独立，有独立的思想、独立的能力。
妇联组织一直倡导女性“四自”精神：
自尊、自信、自立、自强。
而推动性别平等、落实男女平等基本国策，
是妇联组织的重要使命。

不仅如此，“三胎生育”配套支持政策、

有性侵犯前科人员从业禁止、公厕中女厕厕位比等，

都在妇联的努力下得到落实。

当然，一切的努力，还需要每一位女性的支持参与。

现代女性，做自己的superwoman!

superwoman

妇联组织的工作对象，
除了广大“能顶半边天”的妇女，
还包括儿童和家庭。
各级妇联都把关护儿童成长作为重要任务，加以推进。
儿童可以就近参加妇儿中心、妇女之家等阵地的各类活动。
国内一些地方正在创建儿童友好型城市、儿童友好型社区。
涉及儿童权益的维权案例和实事项目，也遍地开花。
而反家暴，也是妇联人全力以赴在做的事。

近几年来，在一些公共事件中，
如叫停女德班、救助困境女性儿童，
经常看到妇联发声介入的报道。
这一方面说明妇联人的主动作为，
另一方面，也反映出人们对妇联的信任。

在组织架构上，妇联组织可谓是最完备的。
从中华全国妇女联合会到最基层的社区（村）妇联，
六级妇联组织，
恐怕除了党委、政府，
没有哪个机构能如此健全。

CHAPTER
TWO

第二章

关于妇联，那些辉煌的发展历史

一、综述

中国妇女是建设新时代中国特色社会主义的重要力量。
中华全国妇女联合会在新时代担负着
团结引领各族各界妇女听党话、跟党走的政治责任，
以围绕中心、服务大局为工作主线，以联系和服务妇女为根本任务，
以代表和维护妇女权益、促进男女平等
和妇女全面发展为基本职能。

二、不同时期建立的前妇联组织

中共中央于1922年设立妇女部，
以加强党对妇女运动的领导，更好地指导妇女运动的开展，
向警予任第一任中央妇女部部长。

第一次国内革命战争时期，建立了妇女解放协会等。

第二次国内革命战争时期，在革命根据地建立了女工农妇代表会议等。

抗日战争时期，在抗日根据地建立妇女救国会等。

人民解放战争时期，在解放区建立妇女联合会等。

在国民党统治区或日本侵略军占领区，也建立了妇女团体。

妇女团结有力量 推动妇女大解放

三、历次全国代表大会

中华全国妇女联合会的最高领导机构是
全国妇女代表大会和它所产生的中华全国妇女联合会执行委员会。
全国妇女代表大会，每五年举行一次，
由中华全国妇女联合会执行委员会召集。
如果全国妇联每次开妇代会都发个朋友圈，
大概应该是下面这样滴：

朋友圈

中华全国民主妇女联合会

1949年3月24日至4月3日，中国妇女第一次全国代表大会召开啦！（撒花）

大会宣布成立中华全国民主妇女联合会，通过《中华全国民主妇女联合会章程》，选举产生了执行委员会，制定了妇女运动总任务，为新中国妇女工作指明了方向。

中国 · 北平

中华全国民主妇女联合会：《中华全国民主妇女联合会章程》规定民主妇联组织的宗旨为废除对妇女的一切封建传统习俗，保护妇女权益及儿童福利，积极组织妇女参加各种建设事业，实现男女平等和妇女解放。

朋友圈

中华全国民主妇女联合会

1953年4月15日至23日，中国妇女第二次全国代表大会召开啦！（开心）

大会明确了妇女运动的中心任务：继续教育、发动和组织广大妇女群众，参加并搞好工、农业生产和祖国各方面的建设。

中国 · 北京

朋友圈

中华人民共和国妇女联合会

1957年9月，中国妇女第三次全国代表大会召开啦！（开心）

大会决定将名称改为中华人民共和国妇女联合会！妇联根本方针是：勤俭建国，勤俭持家，为建设社会主义而奋斗。

提出了全面建设社会主义时期中国妇女的总任务。

中国 · 北京

朋友圈

中华全国妇女联合会

1978年9月8日至17日，中国妇女第四次全国代表大会召开啦！（激动）

大会全面恢复了妇联的工作，决定改名为中华全国妇女联合会（简称“全国妇联”），推动妇女工作拨乱反正、实现妇女工作重心转移。会议制定了新时期妇女运动的任务，发出“四个现代化需要妇女，妇女需要四个现代化”的号召。

中国・北京

朋友圈

中华全国妇女联合会

1983年9月2日至12日，中国妇女第五次全国代表大会在北京召开啦！（开心）

大会将“坚决维护妇女儿童的合法权益，抚育、培养、教育儿童少年健康成长，充分发挥妇女在建设社会主义物质文明和精神文明中的重大作用”确定为妇女工作方针，为改革开放新时期的妇女运动与妇女工作发展奠定了基础。

朋友圈

中华全国妇女联合会

1988年9月1日至6日，中国妇女第六次全国代表大会召开！

大会确立了社会主义初级阶段妇女运动的基本指导思想及中国妇女运动的总任务。首次明确了妇联的性质是“党和政府联系妇女群众的桥梁和纽带”。

中国·北京

朋友圈

中华全国妇女联合会

1993年9月1日至6日，中国妇女第七次全国代表大会在北京召开！

大会总结妇女运动的新发展与基本经验，确定了90年代中国妇女运动的光荣使命，修订了《中华全国妇女联合会章程》，选举产生了全国妇联新的领导机构，开创了中国妇女运动新局面。

中国·北京

朋友圈

中华全国妇女联合会

1998年8月31日至9月5日，中国妇女第八次全国代表大会召开！

大会提出了跨世纪妇女运动的指导思想和妇女发展的目标、任务以及面向21世纪妇联组织建设和妇联工作的方向。

中国 · 北京

朋友圈

中华全国妇女联合会

2003年8月22日至26日，中国妇女第九次全国代表大会在北京召开！

大会把全面建设小康社会确定为中国妇女运动的主题，对新世纪新阶段中国妇女事业发展进行了展望与规划。

朋友圈

中华全国妇女联合会

2008年10月28日至31日，中国妇女第十次全国代表大会召开！

大会提出了高举中国特色社会主义伟大旗帜、深入贯彻落实科学发展观、团结引导广大妇女在全面建设小康社会，推进社会主义经济建设、政治建设、文化建设、社会建设和生态文明建设中发挥积极作用等重要论断和要求。

中国 · 北京

朋友圈

中华全国妇女联合会

2013年10月28日至31日，中国妇女第十一次全国代表大会召开！

大会明确了妇女运动的时代主题：为实现中华民族伟大复兴的中国梦而奋斗，发出了“巾帼建新功、共筑中国梦”的号召。

中国 · 北京

朋友圈

中华全国妇女联合会

2018年10月30日至11月2日，中国妇女第十二次全国代表大会在北京召开！（振奋）

大会是在习近平新时代中国特色社会主义思想指引下我国妇女的一次历史性盛会。对于动员亿万妇女以新的精神状态和奋斗姿态，投身决胜全面建成小康社会、夺取新时代中国特色社会主义伟大胜利的实践，谱写新时代中国特色社会主义妇女事业的崭新篇章，产生重大而深远的影响。

中国 · 北京

CHAPTER
THREE

第三章

关于妇联，
我们的基本遵循——全国妇联章程

3

关于妇联，我们的基本遵循
——全国妇联章程

自1949年4月至今，全国妇联已走过70多年的光辉历程。

妇联组织的行动指南、奋斗目标、职能任务是什么，实行什么样的组织制度、有几级组织、如何成为妇联的团体会员，关于妇联干部、经费财产、会徽会旗又如何规定？

总　则

“总则”部分明确了中华全国妇女联合会是全国各族各界妇女为争取进一步解放与发展而联合起来的群团组织，是中国共产党领导下的人民团体，是党和政府联系妇女群众的桥梁和纽带，是国家政权的重要社会支柱。

将习近平新时代中国特色社会主义思想确立为妇联组织的行动指南之一，在新时代担负着团结引导各族各界妇女听党话、跟党走的政治责任，以围绕中心、服务大局为工作主线，以联系和服务妇女为根本任务，以代表和维护妇女权益、促进男女平等和妇女全面发展为基本职能。

任　务

“任务”部分包括加强妇女思想政治引领，发挥妇女在社会生活和家庭生活中的独特作用，维护妇女儿童合法权益，教育引导妇女践行社会主义核心价值观，以及同港澳台和海外华侨华人、世界各国妇女和妇女组织的交流合作等。

组织制度

“组织制度”部分明确了妇联实行全国组织、地方组织、基层组织和团体会员相结合的组织制度，妇联的地方和基层组织接受同级党组织和上级妇女联合会双重领导，同时介绍了各级妇联领导机构的产生方式。

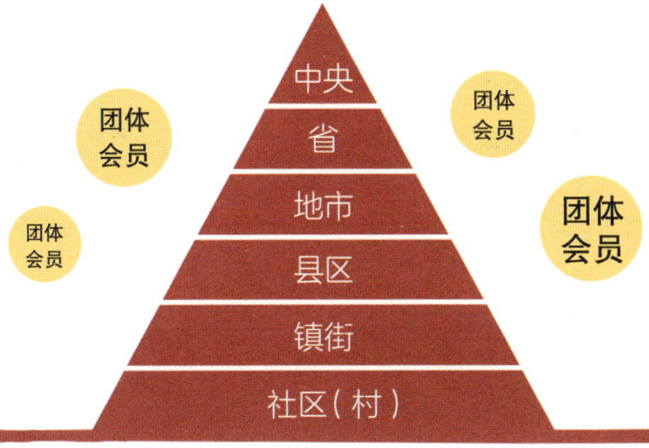

全国和地方妇联的领导机构，由同级妇女代表大会选举产生。

妇联基层组织的领导机构由同级妇女大会或妇女代表大会选举或推选产生。

全国组织

“全国组织”部分介绍了妇联的最高领导机构是全国妇女代表大会和它所产生的中华全国妇女联合会执行委员会，执行委员会闭会期间的领导机构是常务委员会，全国妇联常务委员会下设书记处，主持日常工作。

全国妇女代表大会，每五年举行一次，由中华全国妇女联合会执行委员会召集。

地方组织

“地方组织”部分介绍了省、市、县三级地方妇联的成立方式、领导机构及其职权，领导机构在专兼职副主席的基础上增加了挂职副主席。

基层组织

“基层组织”部分明确了妇联在乡镇、街道，行政村、社区，机关和事业单位、社会组织等建立基层组织。其中，乡镇、街道，行政村、社区应当建立妇联；机关和事业单位、社会组织建立妇女委员会或妇女工作委员会；同时积极探索在女性相对集中的地方灵活多样建立妇女组织。

团体会员

“团体会员”部分明确了企业工会女职工委员会是妇联的团体会员，同时符合条件的社会团体也可成为妇联的团体会员。

妇女联合会的干部

“妇女联合会的干部”部分根据新时代好干部标准充实调整了对妇联干部和干部队伍的要求。

中华全国妇女联合会
章 程
章程还对妇联的“经费及财产”“会徽会旗”进行了规范。

现在，大家对妇联章程有了一定了解。
口言之，身必行。让我们一起在工作中认真贯彻落实吧！

CHAPTER
FOUR

第四章

关于妇联，我们要知道的那些事儿

4

一、三八妇女节为啥不是女神节

1.“我不是妇女，我不要过三八妇女节”，这种想法是不对的

很多女性反感自己被叫作妇女，毕竟还年轻着。
显然，这是很多人对“妇女”的误解。

妇者，指已婚女子；女者，未婚女子也。
因此“妇女”一词，内涵广泛，泛指女性，
绝无贬低人的意思。

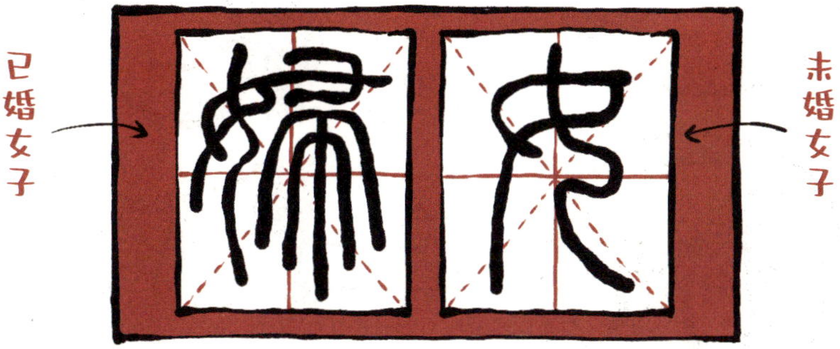

划重点，妇女并不是一个贬义词。

只是现在的年轻人在心理上，因为对这个词的误解，而多少有些难以接受。

但骂女性为“三八”，说大龄女性为“剩女”，

的的确确是不合适的。

2.三八国际妇女节

众所周知，3月8日是国际劳动妇女节，又称三八节、妇女节、三八国际妇女节，是世界各国妇女争取和平、平等、发展的节日。

一个世纪以来，各国妇女为争取自身的权利做出了不懈的努力。

1909年3月8日，美国伊利诺伊州芝加哥市的女工和全国纺织、服装业的工人举行规模巨大的罢工和示威游行，主张自己的权益，这是历史上劳动妇女第一次有组织的群众斗争，充分显示了劳动妇女的力量。

斗争得到全国乃至世界其他国家妇女群众的广泛同情和热烈响应，最后取得了胜利。

1910年8月，在丹麦首都哥本哈根召开了国际社会主义者第二次妇女代表大会。出席会议的有17个国家的代表，会议讨论的主要问题是反对帝国主义扩军备战，保卫世界和平；同时还讨论了保护妇女儿童的权利，争取8小时工作制和妇女选举权问题。

领导这次会议的著名德国社会主义革命家、杰出的共产主义战士克拉拉·蔡特金倡议，以每年的3月8日作为全世界妇女的斗争日，得到与会代表的一致拥护。

克拉拉·蔡特金

从此以后，三八妇女节就成为世界妇女争取权利、争取解放的节日。1911年的3月8日为第一个国际劳动妇女节。

我国于1922年开始纪念三八节，我国妇女第一次群众性的纪念三八节活动是1924年在广州举行的。

联合国从1975年国际妇女年开始庆祝国际妇女节，确认普通妇女争取平等参与社会的传统。

有些人会佩戴紫色的丝带来庆祝这一天。

在我国，根据国务院发布的《全国年节及纪念日放假办法》(国务院令第270号)第三条规定：妇女节(3月8日)属于部分公民放假的节日及纪念日，妇女放假半天。

二、男女平等是基本国策

2005年，我国重新修订《妇女权益保障法》，首次将男女平等作为基本国策写入法律，明确规定：

1995年，联合国第四次世界妇女大会在北京召开，我国提出将男女平等作为促进我国社会发展的一项基本国策。这是我国首次提出男女平等基本国策，是我国政府对国际社会的郑重承诺。

2012年，党的十八大首次将男女平等作为基本国策写入报告。报告指出：

男女平等是基本国策特指的范畴和目标指向，基本国策规定了男女平等政策的地位、性质和功能。

男女平等的主要内涵包括：

中国1954年就把男女平等写入宪法。从1995年在第四次世界妇女大会上明确提出，到2005年修订权益保障法条例，再到2012年在党的十八大报告中得以体现，男女平等基本国策完成从“政府的承诺”到“立法的确认”再到“执政党意志”的全方位“认证”。

三、这些称号很光荣

1. 三八红旗手

每年三月八，妇女顶呱呱。

三八红旗手，值得夸一夸。

啥是三八红旗手呀？

是举着红旗的妇女吗？

敲黑板，划重点！

重要知识点小播报：

全国三八红旗手，

是由各级妇联组织颁发给优秀女性的荣誉称号，

主要表彰在中国各条战线上

为社会主义物质文明和精神文明建设做出显著成绩的

妇女先进个人。

（特殊情况下也有妇女先进集体）

1960年3月8日，

恰逢三八国际妇女节五十周年庆，

第一批全国三八红旗手和红旗集体亮相啦！

《中国妇女》杂志1960年第5期，

刊发了授予首批全国三八红旗手（集体）的相关报道。

这可是国家授予女性的最高荣誉哦！

高能属性播报：

历史：源远流长！起于1960年，到现在有着60余年历史啦！

表彰对象：伟大的光荣的杰出的先进的……总之就是优秀的不得了的中国伟大女性典型。她们中既有科研专家、航天英雄，也有一线工人、养殖能手，在各个领域展示着优秀女性的时代风采。是大家心目中真正的国民女神。

分级：三八红旗手分为全国三八红旗手和地方妇联组织评选的本级三八红旗手：全国三八红旗手、省级三八红旗手、市县三八红旗手。
目前已有35000名女性获得了全国三八红旗手殊荣。

高度：全国专项表彰妇女先进人物的最高荣誉。

口号：用榜样的力量引导广大女性，坚定不移跟党走，奋力建功新时代。

2004年，全国妇联开始进行

“全国三八红旗手标兵”评选。

全国三八红旗手可以追授

2020年3月，全国妇联追授董李会、陈桂荣、罗桂梅三位牺牲在疫情防控一线的同志全国三八红旗手称号。她们是抗疫的巾帼英雄，她们的事迹激励亿万妇女为打赢疫情防控人民战争、总体战、阻击战贡献智慧和力量。

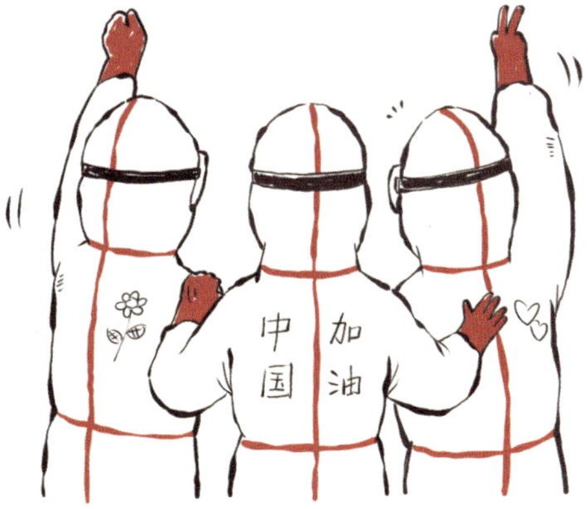

三八红旗手，就是我们广大姐妹学习的榜样呀！

那么如何成为一名三八红旗手呢？

科普一下三八红旗手评选条件：

（一）年满18周岁以上的中华人民共和国女性公民。

（二）热爱党、热爱祖国、热爱社会主义，坚决拥护党的路线方针政策，模范遵守国家法律法规。

（三）具有正确的世界观、人生观和价值观，品德高尚、甘于奉献，具有“自尊、自信、自立、自强”时代女性精神。

（四）爱岗敬业、勇挑重担、奋发有为、锐意创新，在本职工作中创造出一流业绩、作出突出贡献。

（五）申报三八红旗手荣誉称号的企业负责人，须经当地县（市）以上工商、税务、劳动保障、安全监察、环境保护等部门审查同意。国有和国有控股企业及其负责人要经过审计、纪检监察等部门审查同意。党政机关和人民团体领导干部，要按照干部管理权限，征得有关组织人事部门审核同意。

（六）各级三八红旗手不重复授予。

2.巾帼文明岗

- 机关、企事业单位、科研院所中以女性为主体的处、科、室。
- 行业单位的女性班组、岗台、车间、站所、生产线等。
- 人民解放军的女兵连、中队、班。
- 新经济组织、新社会组织和新型农业经营主体和服务主体中以妇女为主的商户（店）、小组、部门、农业合作社、农业示范基地等。

光辉历史

1991年，全国妇联联合有关部门在城市妇女中发起“巾帼建功”竞赛活动。

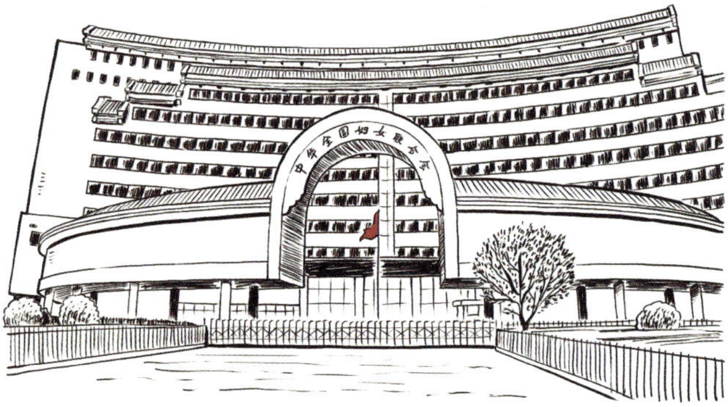

活动以提高经济效益为中心，以四有、四自、五学、五创为主要内容，提高广大妇女素质，立志本职岗位成才，立足本职岗位创一流成绩，为实现十年规划和“八五”计划建功立业。

小贴士

四有： 有理想、有文化、有道德、有纪律；

四自： 自尊、自信、自立、自强；

五学： 学政治、学文化、学科学、学技术、学管理；

五创： 创优质、创高产、创效益、创最佳服务、创一流水平。

1997年，全国妇联联合12个部委在党政机关和商贸、金融等妇女比较集中的十大行业，建立“巾帼文明岗”。

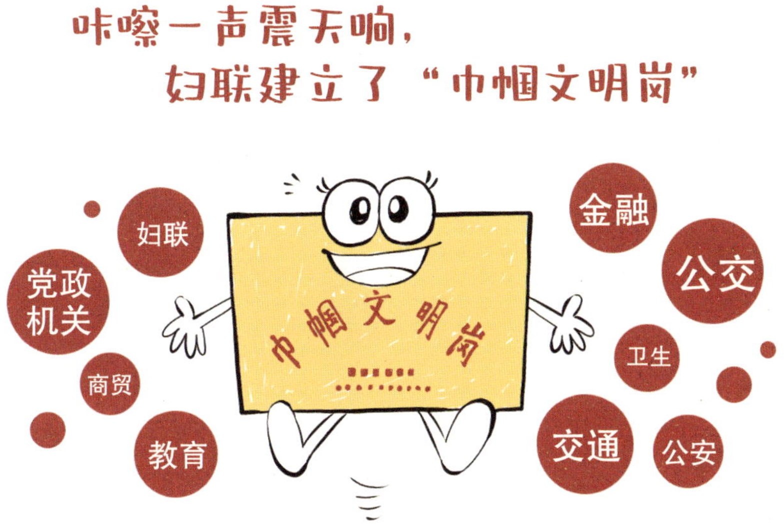

组织动员妇女围绕国家经济和社会发展大局，结合行业发展要求，开展操作性强、社会影响大、能发挥女性优势的岗位建功活动，激励女性奋发进取，努力提高思想道德和技能水平，为促进行业发展和文明进步做贡献。

评选基本条件

1.领导重视　2.立足创建　3.优质服务　4.示范性强

集体人数中女性占比：>50%

争创岗位领导班子中女性数量：≥1名

集体中女性数量（特殊岗位除外）：≥3名

申报方法

“巾帼文明岗”的申报工作，采取由创建单位自我申报、行业推荐、逐级报批并签署意见的方法。

3.五好家庭

大凡获得“五好家庭”的市民，没有人不为自家门上那金灿灿的铜牌而感到自豪。

20世纪50年代起，全国妇联在城乡开展评选“五好家庭”活动。通过开展丰富多彩的家庭文化活动，在全社会倡导尊老爱幼、男女平等、夫妻和睦、勤俭持家、邻里团结的文明风气。

初期的活动主要围绕“两勤”方针：勤俭建国和勤俭持家。随着改革开放和现代化建设的不断发展，新时期的“五好家庭”活动，经历了70年代末的恢复试点，80年代的巩固充实，90年代的深化提高，已经成为一项内容特定，形式新颖、影响广泛和效果扎实的群众精神文明建设活动。

1985年，全国各城市将“五好家庭”活动纳入各自精神文明建设的总规划中。

有意思的是，2004年的上海“五好家庭”首次出现外籍家庭入围，已在上海居住10年的印度籍艾维那一家荣膺这一称号。

10年来，他们入乡随俗，热心参加居委组织的五好家庭等各种社会活动，积极参加捐款、捐物活动，向社会奉献着爱心，真正融入了普通上海市民的生活中去。

一句“侬好，阿拉是上海人”准确概括了他们对上海的深情厚谊。

四、妇女能顶半边天，争做建设者倡导者奋斗者

1.乡村振兴巾帼行动

乡村是中国的根，
“暧暧远人村，依依墟里烟”的乡村风光，
“开轩面场圃，把酒话桑麻”的和乐景象，
还有“棒打兔子瓢舀鱼，螃蟹爬到饭锅里”的往事，
是多少人心驰神往的记忆……
党的十九大报告提出，实施乡村振兴战略。
党的二十大报告提出，全面推进乡村振兴。

啥是乡村振兴巾帼行动？

“乡村振兴巾帼行动”是以习近平新时代中国特色社会主义思想为指导，全面贯彻党的十九大、二十大精神，在农村产业发展、生态环境保护、乡风文明建设、农村弱势群体关爱等方面发挥妇联组织的独特作用和妇女“半边天”作用，增强政治性先进性群众性，最广泛地把农村妇女动员起来、组织起来，更紧密地团结在党的周围，坚定不移听党话跟党走，为实现乡村全面振兴贡献巾帼力量。

“乡村振兴巾帼行动”五项主要任务：

❶强化思想引领，发动农村妇女积极投身乡村振兴战略。

❷深化“巾帼脱贫行动”，提升贫困妇女获得感、幸福感和满意度。

❸开展“美丽家园”建设活动，带动农村妇女共建共享生态宜居新农家。广泛开展“巾帼志愿暖人心”主题志愿服务活动和“绿色生活·清洁家庭”创建活动。

❹拓宽家庭建设活动内涵，以文明家风促推乡风文明。开展寻找最美家庭和五好家庭创建活动和好家庭好家风巡讲活动；深化“平安家庭”创建活动。

❺维护妇女权益，积极发挥妇联组织在参与基层社会治理中的作用。维护农村妇女土地权益；推动妇女议事会建设；促进乡村移风易俗。

2.科技创新巾帼行动

说起我们国家的高科技人才，你会想起谁？是“杂交水稻之父”袁隆平院士？还是歼20总设计师杨伟？也许还有李四光、邓稼先、竺可桢等等老一辈的科学家们……

数据显示，全国科技工作者中女性占比约45.8%。但随着专业技术职务提高，女性占比逐级减少，女性科技领军人才匮乏现象较为突出。

2019年，中国科学院和中国工程院的院士中女性占比分别为6%和5.3%。而在有关国家级人才计划入选专家学者中，女性占比也不过10%左右。

2021年4月25日，全国妇联、科技部、国务院国资委、全国总工会、中国科协、中国科学院、中国工程院联合启动科技创新巾帼行动。7部门还联合发布了《关于实施科技创新巾帼行动的意见》，激励广大女科技工作者坚持“四个面向”，弘扬科学家精神，在自主创新、科技自立自强中强化使命担当，勇攀科技高峰，做伟大事业建设者、文明风尚倡导者、敢于追梦的奋斗者，为建设科技强国贡献巾帼力量。

2021年7月19日，科技部、全国妇联等13个部门印发文件，明确要坚持性别平等、机会平等，从6个方面有针对性地提出16项具体措施，为女性科技人才成长进步、施展才华、发挥作用创造更好环境。

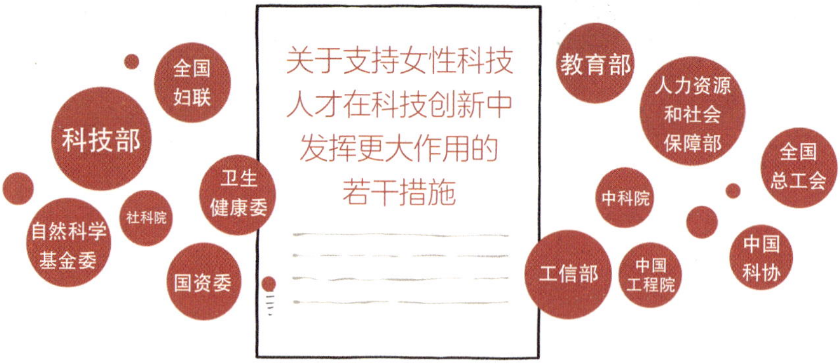

文件以充分激发女性科技人才创新活力为目标，提升政策的系统性、精准性、可行性。比如：

- 在若干国家重点研发计划中探索设立女科学家项目。
- 国家重点研发计划青年科学家项目适当放宽女性申请人年龄限制。鼓励科研单位设立女性科研人员科研专项。
- 国家留学基金委等积极支持更多女性科技人才出国访学，出国（境）培训计划项目加大对女性科技人才支持力度，鼓励支持更多女性科技人才参与国际科技组织工作，提升其国际影响力和活跃度。
- 国家人才计划适当放宽女性申报人年龄限制，用人单位在同等条件下要优先推荐女性科技人才。
- 中国科学院、中国工程院院士增选中，鼓励提名更多优秀女科学家作为候选人，在同等条件下支持女性优先入选。
- 全国三八红旗手、全国巾帼建功标兵、中国青年科技奖、全国创新争先奖等各类评选表彰中提高女性科技人才的入选比例。
- 国家自然科学基金项目评审中，执行同等条件下女性科研人员优先的资助政策。
- 对孕哺期女性科技人才适当放宽期限要求、延长评聘考核期限。
- 在同等条件下，女性的科研人员优先发展。

3. 创业创新巾帼行动

2015年，女药学家屠呦呦实现了中国在自然科学领域诺贝尔奖零的突破。

2018年，“月宫一号”总设计师刘红团队刷新了人类在密闭系统中生存的世界纪录。

2020年，中国科学院深海科学与工程研究所研究员贺丽生下潜万米深海，创造了华人女性科研人员涉足“地球第四极”马里亚纳海沟的首次纪录。

中国女性在载人航天、深海探测、生命健康等重大科技攻关前沿，在乡村振兴、创新创业、中国制造的主战场，迸发出前所未有的创造伟力，书写着别开生面的巾帼新篇。

2015年6月，全国妇联决定在广大城乡妇女中开展“创业创新巾帼行动”，发布了《全国妇联关于开展创业创新巾帼行动的意见》，引领广大妇女顺应“互联网+”新趋势，在经济发展新常态下积极投身创业的新实践。

着力提升妇女创业创新能力，探索适应妇女创业的网络化、实训式电子商务培养模式，发挥妇女创业示范基地引领作用，引导巾帼现代农业科技示范基地借助互联网和大数据技术，助推农村妇女依靠科技创业创新致富；

着力为妇女创业创新提供服务，发挥妇女小额担保贷款、创业担保贷款等金融政策作用，支持妇女创办新型小微企业；

加大妇女创业创新宣传引导，大力宣传互联网技术给生产生活带来的变革式影响，引导妇女树立开放包容的互联网精神、大数据意识，强化共创共享、共融共赢的创业创新战略思维和合作理念。

4.建设法治中国·巾帼在行动

党的十八大以来，我国保障妇女权益的法治体系不断完善，形成以宪法为基础，以妇女权益保障法为主体，包括100多部单行法律法规在内的全面保障妇女权益法律体系。

2015年 我国反家庭暴力法出台，打通了公权力干预家庭暴力的渠道，妇女在家庭中的人身权利得到有效保护。

2015年 刑法修正案（九）废除嫖宿幼女罪，加大对收买被拐卖的妇女、儿童犯罪的惩治力度。

2018年 修正后的农村土地承包法新增两项规定，完善对农村妇女土地权益的法律保障依据。

2020年 被誉为“社会生活的百科全书”的民法典正式出炉，切实保护包括妇女在内的自然人人身自由和人格尊严、财产权益和婚姻家庭权益。

2020年 刑法修正案（十一）加大了对强奸、猥亵案件的惩治力度。

2021年 出台的法律援助法规定，遭受虐待、遗弃或者家庭暴力的受害人主张相关权益，申请法律援助的，不受经济困难条件的限制。

自2015年起，全国妇联发起以尊法学法守法用法为主题的“建设法治中国·巾帼在行动”活动，截至2021年10月底，各级妇联组织开展普法宣传、法律服务252万余场次，参与妇女群众达3.6亿人次。

妇联组织充分运用源头参与维权机制，主动、及时跟进国家立法和政府决策进程，注重在法律政策制定过程中反映妇女意志和诉求。同时在面对侵害妇女权益的普遍性问题和重大案件时适时发声，充分体现了责任和担当。

5.健康中国　母亲行动

为深入贯彻《“健康中国2030”规划纲要》，实施健康中国行动，充分发挥母亲在家庭健康中的独特作用，动员广大家庭，落实“预防为主”方针，践行健康生活方式，以家庭的健康，助力健康中国，全国妇联、国家卫生健康委、国家体育总局决定联合开展“健康中国　母亲行动”，并印发《关于开展“健康中国　母亲行动”的实施意见》。

行动目标

- 到2022年，母亲在家庭中的健康指导员、管理员、督导员的作用得到逐步发挥，通过多种形式的宣传，普及健康知识，推动妇女健康素养水平稳步提高，健康生活方式加快推广。

- 到2030年，母亲在家庭中的健康指导员、管理员、督导员的作用得到充分发挥，推动妇女的健康素养水平大幅度提升，健康生活方式基本普及。

活动内容

❶普及健康知识，提升健康素养。

❷养成良好习惯，践行健康行为。

❸关注心理健康，提高生活幸福感。

❹开展运动健身，提高身体素质。

❺倡导清洁卫生，改善生活环境。

❻实施重点项目，做好健康服务。

五、为了家家幸福安康

1. 注重家庭、家教、家风

党的十八大以来，习近平总书记在不同场合多次谈到要“注重家庭、注重家教、注重家风”，强调“家庭的前途命运同国家和民族的前途命运紧密相连”。家庭是社会的基本细胞，要帮助孩子扣好人生第一粒扣子。

党的十九届六中全会通过的《中共中央关于党的百年奋斗重大成就和历史经验的决议》也指出，要“注重家庭家教家风建设”。

党的二十大报告指出："实施公民道德建设工程，弘扬中华传统美德，**加强家庭家教家风建设**，加强和改进未成年人思想道德建设，推动明大德、守公德、严私德，提高人民道德水准和文明素养。"

家庭家教家风建设是点亮新征程的重要基点，我们要认真学习宣传贯彻党的二十大精神，学习习近平总书记关于注重家庭家教家风建设重要论述，大力加强家庭文明建设，广泛弘扬社会主义家庭文明新风尚，汇聚亿万家庭的力量奋斗新时代、奋进新征程。

2.家家幸福安康工程

近几年妇联好像举办了很多有关“家庭”的活动，寻找“最美家庭”、创建“绿色家庭”、家风家教宣传什么的。
是呀！那是因为妇联在2019年启动了“家家幸福安康工程”。
这是啥工程？
家家幸福安康，共筑家国梦想。是全国妇联回应妇女群众和广大家庭需求的实际行动，是今后一个时期统筹妇联家庭工作的重要抓手。
妇联可是要瞄准“家”这个点，大做文章啦。
家家幸福安康

工程任务措施：

一、实施家庭文明创建行动

1. 深化拓展寻找“最美家庭”活动。
2. 启动实施“绿色家庭”创建行动。
3. 创新设立家风家教主题宣传月。
4. 打造家风家教宣传展示品牌活动。
5. 推出系列展现好家风的文化产品。
6. 命名一批家教家风实践基地。

工程任务措施：

二、实施家庭教育支持行动

1. 推动完善家庭教育法律政策。
2. 启动实施“父母成长计划”。
3. 做实做强各类家长学校。
4. 发展壮大家庭教育指导服务队伍。

工程任务措施：

三、实施家庭服务提升行动

❶优化巾帼家政服务。

❷做实巾帼健康服务。

❸完善婚姻家庭服务。

❹开展家庭公益服务项目。

工程任务措施：

四、实施家庭研究深化行动

1. 建立家庭建设研究中心。
2. 建立家庭建设专家智库。
3. 促进研究成果转化和应用。
4. 建设新时代家庭大数据。

撸起袖子加油干，让我们积极响应“家家幸福安康工程”，为自己的小家和社会大家庭的和谐幸福而努力吧！

3. 寻找最美家庭

全国妇联发出通知，从2014年开始，组织开展寻找最美家庭活动。通知指出，开展寻找“最美家庭”活动要以群众自荐、互相学习、彼此借鉴、共同分享为宗旨，发动群众、宣传群众、组织群众、吸引群众，扩大群众的参与率和活动社会影响力为手段，通过组织开展体现时代精神、契合家庭需求、群众喜闻乐见的寻找“最美家庭”活动，深入挖掘、选树和宣传群众身边的“最美家庭”及感人故事，积极传承夫妻和睦、尊老爱幼、科学教子、勤俭持家、邻里互助的中华民族家庭美德，引导妇女和家庭在参与中自觉接受道德教育、提升文明程度，以实际行动为培育和践行社会主义核心价值观贡献力量。

寻找“最美家庭”活动，通过讲述“最美家庭”的故事，展示中国妇女在社会生活和家庭生活中的独特作用，彰显出我们这个时代的家风新面貌。正成为引导广大妇女和家庭积极培育和践行社会主义核心价值观，推进家庭道德文明建设的一个重要途径。

最美家庭标准：

夫妻关爱家庭： 相互平等尊重，生活互敬互爱，事业彼此支持，共同履行责任。

孝老爱亲家庭： 弘扬孝道文化，孝敬父母长辈，关爱家庭组员，困境援手相助。

教子有方家庭： 品德教育为先，掌握科学方法，重视言传身教，营造良好家风。

勤俭持家家庭： 厉行勤俭节省，践行低碳生活，坚持移风易俗，活跃家庭文化。

邻里友善家庭： 邻里守望和睦，团结友爱相处，遇事相互帮助，热爱社区公益。

4.美丽庭院

“美丽庭院”创建是实施乡村振兴战略的重要内容，是推进乡风文明、提升群众精神面貌的有效载体，是延伸美丽产业、发展美丽经济的坚实基础。

各级妇联围绕乡村振兴工作，发挥妇联组织的独特作用，以家庭为切入点、以妇女为主体，启动“美丽庭院”创建活动，通过“四化工作法”有效改善人居环境，促进家庭文明，让院内院外一样美，以家庭“小美”聚合乡村“大美”，为乡村振兴贡献巾帼力量。

标准：

1. 居室美

家居整洁美观，物品摆放整齐有序；桌面、地面无尘土污物，生活垃圾及时清理；房屋门窗干净，墙壁房顶无灰尘蛛网；被褥衣物叠置整齐，床单被罩窗帘门帘等干净整洁。

2. 庭院美

庭院内外整洁有序，无乱搭乱建；房前屋后无乱堆乱放、无垃圾污水；庭院地面平整清洁，生产生活用具、农用资料等摆放整齐；家禽家畜圈养，圈舍整洁卫生；有条件的家庭适当栽种绿植、花草。

3. 厨厕美

厨房整洁干净，无污水，无腐烂霉变杂物；炉具、灶具、灶台清洁卫生，餐具用完及时清洗摆放整齐，生活垃圾定点投放；厕所卫生干净，密闭有盖，基本无臭。

4. 家风美

家庭成员仪表整洁，勤劳朴实，尊老爱幼，和睦邻里，崇尚科学，诚信友善，带头移风易俗、厉行勤俭节约，注重家风传承和家庭文化建设，自觉践行社会主义核心价值观。

5. 文化美

将农家文化、书画文化、传统文化、个人爱好等融入庭院建设和居室布置，有文化品位、有地方特色。

5.关爱留守儿童

爱心妈妈

我的爸爸妈妈去外面打工了，可是我有一位“爱心妈妈”。她时常来看我，关心我，让我感觉到我并不缺少爱。

暑假时，她来我家给我讲故事、辅导作业、做趣味小实验。

开学了，她又给我送来笔记本、雨伞等礼物，让我感觉特别温暖。

爱心妈妈还给我写了一封家书，鼓励我好好学习，让我渐渐发现了知识的重要性。她还指导我给在外的父母写一封家书，这让我更加理解了父母。我也给爱心妈妈回复了一封家书，告诉她我会自强不息，奋力向上！

我要好好学习，不辜负你们对我的爱……

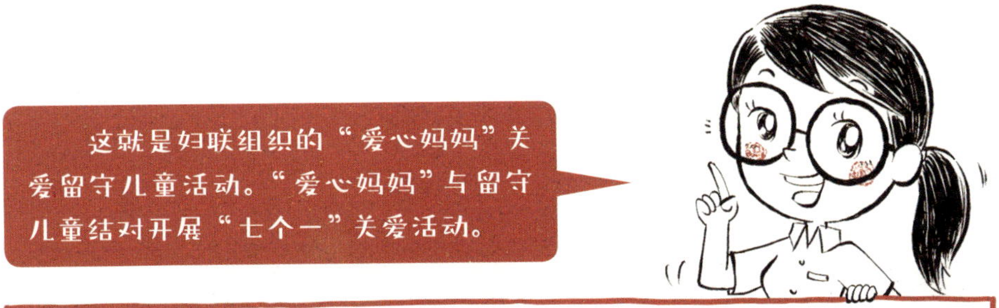

1. 与留守儿童开展一次谈心；
2. 向留守儿童作一次安全知识讲解；
3. 与留守儿童共读一本书；
4. 陪伴留守儿童过一次生日；
5. 带领留守儿童做一次家务；
6. 指导留守儿童给父母写一封信；
7. 向留守儿童监护人做一次家教知识宣传。

“四点半学校”

放学后，一群孩子聚在一起，周一学剪纸、周二学唱歌、周三学数学、周四一起读绘本、周五学武术……变着花样的课程。

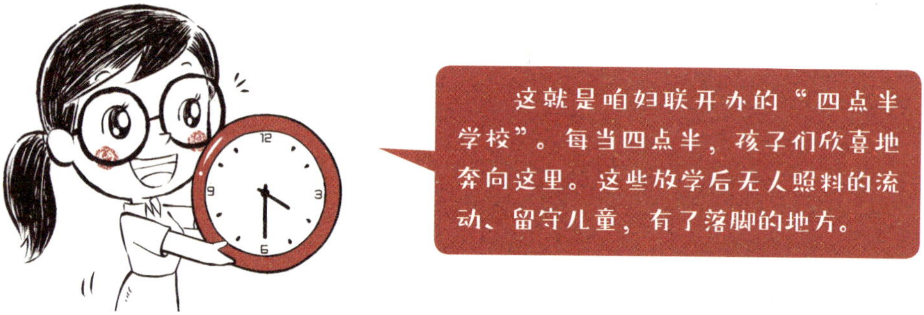

妇联通过招募大学生志愿者、“五老”志愿者、巾帼志愿者、社区志愿者，对学生进行学习辅导、兴趣爱好培养、心理咨询、家庭教育指导等志愿服务，解决了家长的后顾之忧。

六、妇联组织在您身边

1.会改联

敲黑板，划重点！

村（社区）妇代会改建妇联（以下简称“会改联”），是贯彻落实中央党的群团工作会议精神，推进妇联组织改革创新的重要举措，是团结各行各业优秀女性、汇聚更多社会资源、把工作触角延伸至更广泛领域的现实需要，直接关系到妇联改革的成效，关系妇联组织桥梁纽带作用的发挥。

村（社区）妇联组织作为妇联工作最基层的一环，承载着联系、服务基层妇女群众的神圣使命。

所以，会改联，是要从根本上补足村（社区）妇代会人员不足、力量不够、影响不大等“短板”。

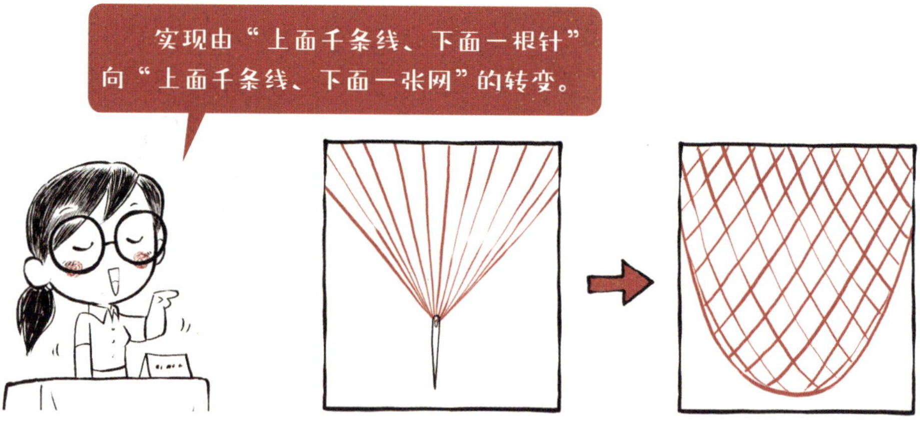

怎么改：

妇女代表

从下而上、民主推荐，把本辖区有一定影响力和代表性的优秀女同志推选为妇女代表。

妇联执委

一般由辖区内有影响力和号召力的各方面女骨干、女能人、女带头人、女党员、女小组长、女大学生村干部、女医生、女教师及妇女先进典型等担任。

村（社区）妇联主席、副主席

重点从村（社区）“两委”女性成员、女性社会组织负责人、妇女先进代表人物等各行各业的优秀女性人才中推荐产生。

不能做摆设的空架子，要充分发挥桥梁纽带作用，当好妇女“带头人”和“娘家人”，既搞好“公转”（围绕党和政府工作大局），又搞好“自转”（充分调动群众积极性），成为基层妇女群众的“温暖之家”和“坚强阵地”，形成“群众工作群众做”的生动局面。

2.妇女之家

敲黑板，划重点！

“妇女之家”是妇联基层组织联系和服务妇女群众的重要阵地，是妇联基层组织参与社会管理创新的重要载体，深受基层和妇女群众的欢迎。

截至目前，全国已建“妇女之家”70万余个。“妇女之家”活跃在城乡基层以及妇女姐妹集中的地方，日益成为妇联组织联系和服务妇女群众、参与基层社会治理的重要阵地。

光辉历史

2010年，全国妇联贯彻落实党群共建创先活动要求，大力推动妇联基层组织创新发展，全面部署农村、社区“妇女之家”建设。

各地妇联依托村级组织和社区活动场所建“家”，进入商务楼宇、非公企业、科技园区以及流动妇女集中地建“家”。

高能属性播报

在哪儿？

·六有·

有场所　有设施

有计划　有制度

有活动　有效果

·三统一·

统一名称

统一标识

统一形象

都干啥？

面向妇女儿童和家庭提供维权咨询指导、创业就业服务、心理情绪疏导、婚姻关系调适、邻里纠纷调解，组织妇女喜欢的文体活动……

怎样干?

创新工作活动载体，充分发挥“妇女之家”在参与社会管理创新中的作用，加大建设“妇女之家”的力度，扩大“妇女之家”的覆盖面，切实用好“妇女之家”。

持之以恒地建好“妇女之家”，精心细致地管好“妇女之家”，全力以赴地用好“妇女之家”，使妇联组织这个“无形的家”真正成为妇女群众心目中常惦念、感情上可依托、平时找得到、遇事用得上的“有形的家”，在参与社会管理创新中彰显“坚强阵地”和“温暖之家”的生机与活力。

3.妇女微家

有微信、微博还不够，听说你们又有了个“妇女微家”？干嘛，找个线下的地方聊八卦？
这你就不懂了吧，“妇女微家”是要做到“服务妇女零距离，联系妇女无盲区”。

咱们这片儿的“微家”设在教语文的王老师家，主打品牌：教家长怎么辅导孩子学习！
正需要这个主题，看来“妇女微家”真挺好！

敲黑板，划重点！

“妇女微家”是针对一定范围内的妇女开展微活动、提供微服务、满足微需求的微阵地，是实现哪里有妇女、哪里就有妇联组织的具体工作举措，是妇联组织下沉到最基层、扎根妇女群众的有力阵地和载体，是“妇女之家”的有效延伸和补充。

1. 宣传党的声音，强化思想政治引领；
2. 密切联系妇女，服务贴近妇情民意；
3. 开展就业指导，助推妇女就业创业；
4. 加强教育引导，提供法律维权服务；
5. 注重立德树人，开展家庭文化建设；
6. 集聚社会资源，推进公益志愿服务。

高能属性播报

建在哪里：

1.能力实力突出、对妇女工作忠诚度高、群众认可的妇联执委家中。

2.优秀女企业家、女科技致富带头人、女性社团组织负责人、巾帼志愿服务团队领头人、美丽庭院户等先进典型家中或工作场所中。

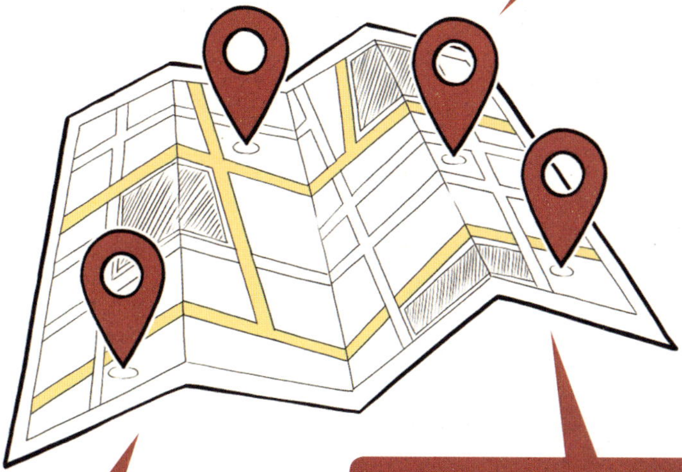

3.村居、村民小组、社区网格、居民楼栋中女性集聚的地方。

4.各类园区、商务楼宇、专业市场、合作社、车间、家庭农场等有工作基础、有积极意愿、有影响带动力的两新组织中。

建设标准：

“妇女微家”要做到“五个一”：

1.固定一个微阵地

能够基本满足微家开展各种活动、服务的场所需要。

2.明确一名微家长

统筹负责微家的建设、管理、服务等各项工作。

3.制作一块微标识

每个微家都要有个性化的名称和标识，并悬挂或张贴在醒目位置。

4.开展一系列微活动

以贴近妇女群众需求的特色活动来更好地联系妇女、服务妇女、引领妇女。

5.健全一套微机制

包括建立微制度、制定微计划、完善微档案等。

不同类型：

生活富裕

产业服务微家、妇女创业微家、技能培训微家、扶贫济困微家等。

生态宜居

巾帼环保微家、美丽庭院微家、民宿旅游微家等。

文明和谐

志愿服务微家、诚实守信微家、友爱互助微家等。

治理有效

红色党建微家、宣传引领微家、妇女议事微家、平安法治微家、心灵驿站微家等。

家庭幸福

家风家教微家、孝亲敬老微家、文体娱乐微家、美丽健康微家等。

原则目标：

“妇女微家”要顺应妇女群众就业、生活、聚集方式多元化的趋势，准确呼应妇女群众需求重点、关注热点、困惑焦点，按照就近、方便、快捷和“成熟一家建立一家”原则，因时因地因需建设，实现“一地一特色，一家一品牌”。以“拓面提质、精准服务、强化活跃、群众满意”为目标，建立形式多样、活动常态、特色鲜明、实效显著的“妇女微家”，进一步激活基层妇联组织“神经末梢”，实现联系妇女群众“零距离”、服务妇女群众“无缝隙”、妇联组织和妇联工作“全覆盖”。

运作方式：

“妇女微家”要采取项目化推进、社会化运作的模式，依托自身特点特长，有效连接各类社会资源，策划实施有针对性、有特色、精准实的服务妇女项目，为妇女提供多样化服务。

4. 破难行动

敲黑板，划重点！

2020年5月，全国妇联印发《关于深化妇联组织建设改革　实施“破难行动”的意见》，要求各级妇联深入学习贯彻习近平总书记关于“把妇联改革进行到底”的重要指示精神，切实增强紧迫感和主动性，从解放思想、转变观念这个总闸门入手，聚焦瓶颈和硬骨头，进一步强化责任、大胆创新、攻坚破难，以钉钉子精神解决突出问题，将妇联组织建设改革向纵深推进。

总体要求

以习近平新时代中国特色社会主义思想为指导，认真贯彻落实习近平总书记在同全国妇联新一届领导班子成员集体谈话时的重要讲话精神，深刻把握党的十九届四中全会对妇联组织建设改革提出的任务要求。

❶坚持党的领导，提高政治站位，以保持和增强政治性、先进性、群众性，去除机关化、行政化等脱离妇女群众的突出问题为主题主线，坚持以妇女群众为中心，切实履行引领服务联系职能。

❷坚持问题导向、目标导向、结果导向相统一，补短板、强弱项、建机制，破解改革难题。

❸坚持基层第一、重心下移，力戒形式主义、官僚主义，切实发挥妇联组织在基层社会治理中的作用，筑牢党长期执政最可靠的阶级基础和群众根基。

1. 县级妇联改革“破难”

- 压实县级妇联改革目标责任
- 建设充满活力的妇联工作队伍
- 做好做实“联”字文章

2. 组织覆盖“破难”

- 夯实基层基础
- 推动社会组织中妇女组织应建尽建
- 拓展妇联网上组织和工作平台建设
- 促进新领域其他方面灵活设置妇女组织

3.基层执委作用发挥“破难”

- 深入实施“基层妇联领头雁培训计划”
- 着力实施“基层妇联领头雁行动计划”
- 健全基层妇联长效工作机制

4.妇联组织作风建设“破难”

- 切实增强做好新时代党的妇女群众工作的责任感使命感
- 健全完善调查研究机制
- 畅通联系妇女群众渠道

工作要求

- 坚持党的领导，把党建带妇建贯穿始终
- 工作要求强化组织保障，形成改革攻坚破难合力
- 着力深耕基层，夯实基础增强效能

一元钱工程

要想做成事，没有经费怎么行？看看“破难”资金哪里来？落实对基层妇联的经费支持和财力保障，按不低于妇女人均一元钱标准划拨的工作经费重点向基层倾斜，村（社区）妇联工作经费纳入村级组织运转经费统筹解决，资金、资源、项目全力向基层倾斜，把妇联组织建设得更加充满活力、更加坚强有力，在推进国家治理体系和治理能力现代化进程中发挥作用、贡献力量。

七、“妇字号”舆论阵地

1.宣传舆论阵地建设

宣传舆论阵地建设是开展妇女思想政治引领工作的重要载体、重要渠道、重要手段。目前，各级妇联的舆论阵地可是遍地开花：《中国妇女报》《中国妇女》杂志、中国妇女网、“女性之声”两微一端等全国妇联宣传舆论阵地，还有各省、市、区县等“妇”字号微信公众号、微博等……

2. 中国妇女报

《中国妇女报》是全国妇联主办的中央主要新闻媒体之一，是妇女新闻宣传事业的排头兵、主阵地、生力军。

姓名：《中国妇女报》，由邓小平同志亲笔题写报名。

生日：1984年创刊，始终坚守着妇女主流传媒的职责。

本报致力于大力宣传马克思主义妇女观、男女平等基本国策和先进性别文化，大力宣传中国妇女事业取得的辉煌成就和各族各界优秀妇女典型，切实为妇女儿童的合法权益鼓与呼，是推动妇女事业发展的重要舆论阵地、广大妇女信赖和喜爱的温暖精神家园。

与改革开放一路同行，《中国妇女报》以独特的性别视角，聚焦国家发展与妇女进步的交集点、时代变迁与女性成长的交汇点，为中国故事的女主角记录精彩人生，为追梦圆梦的“半边天”书写历史底稿。

在对外交往中，《中国妇女报》已经成为国际社会观察中国男女平等事业的重要窗口，成为中国妇女拥有崇高社会地位的重要标志。同时，《中国妇女报》对国际妇女运动的专业报道，也为推动全球妇女事业发展、构建人类命运共同体发挥了独特作用。

进入全媒体时代，在媒体融合发展的大背景下，《中国妇女报》牢牢把握媒体融合发展大势，从一张主报发展成为集“报网微端屏”于一体的特色新型主流媒体全媒体传播平台。2021年起，中国妇女报社加挂全国妇联网络信息传播中心牌子，负责运营“全国妇联女性之声”政务新媒体平台。

目前形成以《中国妇女报》为核心的纸媒传播矩阵、以全国妇联女性之声为核心的政务新媒体传播矩阵、以中国妇女网和中国妇女报客户端以及系列社交媒体账号为主体的网络新媒体传播平台、以中国婚恋网为旗舰的服务型传播平台。

八、妇联是咱娘家人

1.妇女权益保障法

妇女权益保障法是保障妇女各方面权益、促进男女平等和妇女全面发展的基础性、纲领性法律。

修订背景

党的十八大以来，以习近平同志为核心的党中央从党和国家事业发展全局出发，就维护妇女权益、促进妇女全面发展，提出新的更高要求，作出一系列重要部署。各方面也呼吁，根据经济社会发展，进一步修改完善妇女权益保障法，丰富保障内容，提升保障水平。全国妇联坚决贯彻落实党中央决策部署，积极回应社会关切，配合全国人大常委会开展妇女权益保障法全面修改工作。

立法修法时间轴

——1992年4月3日

七届全国人大五次会议通过。

——2005年8月28日

十届全国人大常委会第十七次会议第一次修正。

——2018年10月26日

十三届全国人大常委会第六次会议第二次修正。

——2022年10月30日

十三届全国人大常委会第三十七次会议修订。

2022年10月30日，国家主席习近平签署第一二二号主席令，自2023年1月1日起施行。

本次修订是该法实施30年来的又一次“大修”，新法由过去的9章61条增至10章86条，针对当前结婚生育、财产分配、人身权利等领域侵害妇女合法权益的问题作出了积极回应。

新修亮点

一、明确修法的指导思想和主要原则

二、彰显保障妇女权益的国家意志

三、夯实妇女权益保障的制度机制

四、强化妇女平等就业权保障

五、突出妇女人身权利和人格权益保护

六、完善妇女财产权益保障

七、创新妇女权益救济途径

亮点1：生育手术须经妇女本人同意

新修订的《妇女权益保障法》第二十一条明确提出，妇女的生命权、身体权、健康权不受侵犯。禁止虐待、遗弃、残害、买卖以及其他侵害女性生命健康权益的行为。禁止进行非医学需要的胎儿性别鉴定和选择性别的人工终止妊娠。医疗机构施行生育手术、特殊检查或者特殊治疗时，应当征得妇女本人同意；在妇女与其家属或者关系人意见不一致时，应当尊重妇女本人意愿。

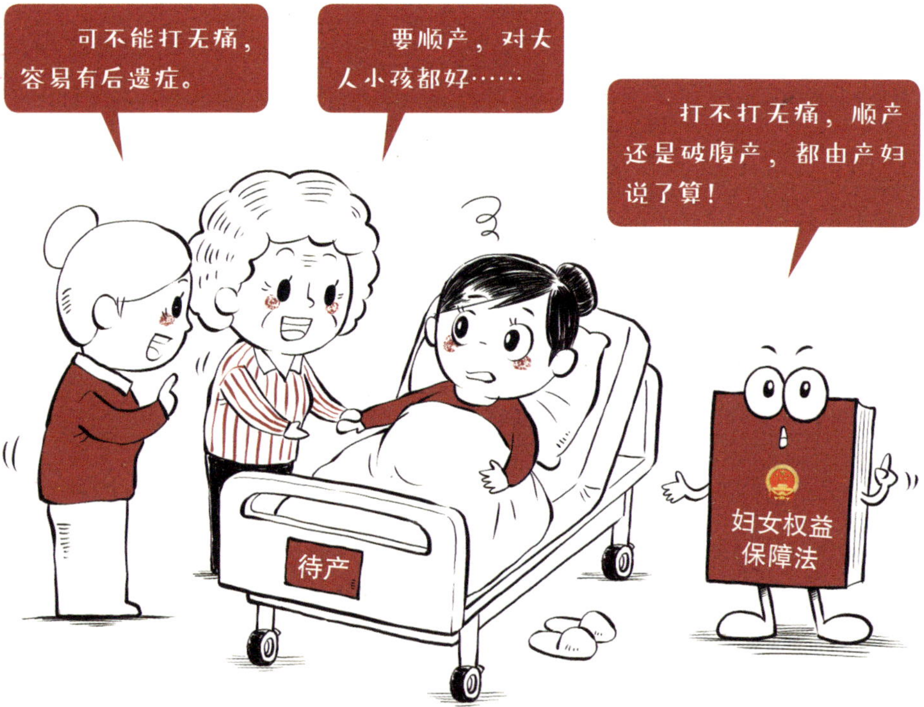

亮点2：拓宽性骚扰维权渠道

禁止违背妇女意愿，以言语、文字、图像、肢体行为等方式对其实施性骚扰。受害妇女可以向有关单位和国家机关投诉。接到投诉的有关单位和国家机关应当及时处理，并书面告知处理结果。受害妇女可以向公安机关报案，也可以向人民法院提起民事诉讼，依法请求行为人承担民事责任。修订后的《妇女权益保障法》进一步完善了预防和处置性骚扰、性侵害制度机制。还明确了学校和用人单位防范、制止性骚扰的职责，进一步降低性骚扰的发生几率，拓宽了妇女维权途径。

亮点3：首次明确住宿经营者的安全保障义务

一些强奸、猥亵、泄露妇女隐私、拐卖妇女等违法犯罪行为的发生场所可能位于宾馆、酒店，而住宿经营者最易发现此类行为，若能采取相应措施，一定程度上可以预防和制止此类犯罪。新修订的《妇女权益保障法》第二十六条对住宿经营者的安全保障义务进行规范，要求其应当及时准确登记住宿人员信息，健全住宿服务规章制度，加强安全保障措施；发现可能侵害妇女权益的违法犯罪行为，应当及时向公安机关报告。这是对住宿经营者课以安全保障和及时报告义务，防止其“事不关己高高挂起”“睁一只眼闭一只眼”，这也是及时预防和制止违法行为的有效途径。

亮点4：媒体报道涉妇女事件应客观适度

网络暴力带来的伤害后果严重，特别是对于女性这一弱势群体更是如此。新修订的《妇女权益保障法》第二十八条明确规定，妇女的姓名权、肖像权、名誉权、荣誉权、隐私权和个人信息等人格权益受法律保护。媒体报道涉及妇女事件应当客观、适度，不得通过夸大事实、过度渲染等方式侵害妇女的人格权益。禁止通过大众传播媒介或者其他方式贬低损害妇女人格。未经本人同意，不得通过广告、商标、展览橱窗、报纸、期刊、图书、音像制品、电子出版物、网络等形式使用妇女肖像，但法律另有规定的除外。

亮点5：人身安全保护令再“升级”

在完善人格权保护方面，新法特别提到，要加强婚恋交友关系中的妇女权益保障，扩大人身安全保护令的适用范围。第二十九条提出，禁止以恋爱、交友为由或者在终止恋爱关系、离婚之后，纠缠、骚扰妇女，泄露、传播妇女隐私和个人信息。妇女遭受上述侵害或者面临上述侵害现实危险的，可以向人民法院申请人身安全保护令。这样，可以给更多的潜在受害人提供更有力的维权武器。

亮点6：限制生育不得作为聘用条件

新修订的《妇女权益保障法》明确表示了对职场性别歧视问题的干预态度，并根据近些年用人单位在招录过程中容易发生的性别歧视行为，将其归结为五大类，便于用人单位、求职者和劳动者理解。其中第四十三条规定，用人单位在招录（聘）过程中，除国家另有规定外，不得将限制结婚、生育或者婚姻、生育状况作为录（聘）用条件。

新修订的法律还新增了第四十九条，即人力资源和社会保障部门应当将招聘、录取、晋职、晋级、评聘专业技术职称和职务、培训、辞退等过程中的性别歧视行为纳入劳动保障监察范围。此举实现全过程劳动保障监察，增加了保障力度。

亮点7：不得因产假降低女职工工资福利待遇

新修订的《妇女权益保障法》第四十八条明确指出，用人单位不得因结婚、怀孕、产假、哺乳等情形，降低女职工的工资和福利待遇，限制女职工晋职、晋级、评聘专业技术职称和职务，辞退女职工，单方解除劳动（聘用）合同或者服务协议。女职工在怀孕以及依法享受产假期间，劳动（聘用）合同或者服务协议期满的，劳动（聘用）合同或者服务协议期限自动延续至产假结束。但是，用人单位依法解除、终止劳动（聘用）合同、服务协议，或者女职工依法要求解除、终止劳动（聘用）合同、服务协议的除外。用人单位在执行国家退休制度时，不得以性别为由歧视妇女。

亮点8：婚登机关应提供婚姻家庭辅导服务

新修订的《妇女权益保障法》鼓励男女双方在婚前进行医学检查，以保障对对方身体健康的知情权，在知己知彼的情况下作出缔结婚姻的意思表示，避免后续产生相关问题。具体来说，第六十二条规定，国家鼓励男女双方在结婚登记前，共同进行医学检查或者相关健康体检。第六十三条规定，婚姻登记机关应当提供婚姻家庭辅导服务，引导当事人建立平等、和睦、文明的婚姻家庭关系。由婚姻登记机关提供婚姻家庭辅导服务，可以引导当事人建立和谐的婚姻家庭关系，避免双方积小怨成大仇，从而导致婚姻关系破裂。

亮点9：女方对夫妻共同财产享有共同记名权

在财产权利方面，新修订的《妇女权益保障法》对于男女平权作出进一步规定，增加了女方对夫妻共同财产享有要求记载其姓名等权利。

第六十七条规定，离婚诉讼期间，夫妻一方申请查询登记在对方名下财产状况且确因客观原因不能自行收集的，人民法院应当进行调查取证，有关部门和单位应当予以协助。离婚诉讼期间，夫妻双方均有向人民法院申报全部夫妻共同财产的义务。一方隐藏、转移、变卖、损毁、挥霍夫妻共同财产，或者伪造夫妻共同债务企图侵占另一方财产的，在离婚分割夫妻共同财产时，对该方可以少分或者不分财产。此举明确了离婚诉讼中夫妻一方的调查取证权，有效解决了婚姻关系中弱势一方举证难的问题。

2.家庭教育促进法

2021年10月23日，十三届全国人大常委会第三十一次会议表决通过了家庭教育促进法，这是我国首次就家庭教育进行专门立法。

2022年1月1日，《中华人民共和国家庭教育促进法》正式施行。

一、法律明确家庭教育责任主体

法律明确，未成年人的父母或者其他监护人负责实施家庭教育。“子不教，父之过。”这一传统理念今后将上升到法律层面。在法律责任中，除了规定父母或者其他监护人不履行、不正确履行家庭教育责任的法律后果外，还规定：公检法机关办理案件过程中，发现未成年人存在严重不良行为或者实施犯罪行为的，要根据情况对监护人予以训诫，并可以责令其接受家庭教育指导。

二、国家和社会提供家庭教育指导和支持

明确规定：国家工作人员应当带头树立良好家风，履行家庭教育责任。

各级人民政府指导家庭教育工作，建立健全家庭学校社会协同育人机制。县级以上人民政府负责妇女儿童工作的机构，组织、协调、指导、督促有关部门做好家庭教育工作。人民法院、人民检察院发挥职能作用，建立联动机制，共同做好家庭教育工作。

工会、共产主义青年团、残疾人联合会、科学技术协会、关心下一代工作委员会以及居民委员会、村民委员会等应为家庭教育提供社会支持。

三、落实“双减”，注重未成年人身心健康

为呼应减轻义务教育阶段学生作业负担和校外培训负担的“双减”要求，法律规定，县级以上地方人民政府应当加强监督管理，减轻义务教育阶段学生作业负担和校外培训负担，畅通学校家庭沟通渠道，推进学校教育和家庭教育相互配合。未成年人的父母或者其他监护人应当合理安排未成年人学习、休息、娱乐和体育锻炼的时间，避免加重未成年人学习负担，预防未成年人沉迷网络。

四、家庭教育的根本任务是立德树人

法律明确，家庭教育以立德树人为根本任务。

家庭教育要培育和践行社会主义核心价值观，弘扬中华民族优秀传统文化、革命文化、社会主义先进文化，促进未成年人健康成长。

法律明确，父母或其他监护人要“用正确思想、方法和行为教育未成年人养成良好思想、品行和习惯”。要树立和传承优良家风，要弘扬中华民族传统家庭美德。

法律还从爱党、爱国家、爱社会主义、培养家国情怀、崇德向善、诚信友爱、培养正确的成才观、良好习惯、珍爱生命以及劳动观念等六个大的方面，明确了家庭教育的详细内容。

五、家庭教育纳入幼儿园计划和教师培训

法律规定，中小学校、幼儿园应当将家庭教育指导服务纳入工作计划，作为教师业务培训的内容。幼儿园可以采取建立家长学校等方式，针对不同年龄段未成年人的特点，定期组织公益性家庭教育指导服务和实践活动，并及时联系、督促未成年人的父母或者其他监护人参加。

幼儿园应当根据家长的需求，邀请有关人员传授家庭教育理念、知识和方法，组织开展家庭教育指导服务和实践活动，促进家庭与学校共同教育。具备条件的幼儿园应当在教育行政部门的指导下，为家庭教育指导服务站点开展公益性家庭教育指导服务活动提供支持。

六、对困境儿童，提供家庭教育精准服务

法律要求，设区的市、县、乡级人民政府应当结合当地实际采取措施，对留守未成年人和困境未成年人家庭建档立卡，提供生活帮扶、创业就业支持等关爱服务，为留守未成年人和困境未成年人的父母或者其他监护人实施家庭教育创造条件。教育行政部门、妇女联合会应当采取有针对性的措施，为留守未成年人和困境未成年人的父母或者其他监护人实施家庭教育提供服务，引导其积极关注未成年人身心健康状况、加强亲情关爱。儿童福利机构、未成年人救助保护机构应当对本机构安排的寄养家庭、接受救助保护的未成年人的父母或者其他监护人提供家庭教育指导。

七、衔接未成年人保护法，拒绝家庭暴力

监护人应保护未成年人隐私权和个人信息，保障未成年人合法权益；不得因性别、身体状况、智力等歧视未成年人，不得实施家庭暴力。

公检法机关发现未成年人存在严重不良行为、实施犯罪行为，或者监护人不正确实施家庭教育侵害未成年人合法权益的，根据情况对监护人予以训诫，可以责令其接受家庭教育指导。

在家庭教育过程中，未成年人的父母或者其他监护人对未成年人实施家庭暴力的，依照《中华人民共和国未成年人保护法》《中华人民共和国反家庭暴力法》等法律的规定追究法律责任。

八、明确幼儿园有家庭教育监督权

法律要求，中小学校、幼儿园等有关密切接触未成年人的单位，发现父母或者其他监护人拒绝、怠于履行家庭教育责任，或者非法阻碍其他监护人实施家庭教育的，应当予以批评教育、劝诫制止，必要时督促其接受家庭教育指导。

幼儿园、婴幼儿照护服务机构、早期教育服务机构违反本法规定，不履行或者不正确履行家庭教育指导服务职责的，由主管部门责令限期改正；情节严重的，对直接负责的主管人员和其他直接责任人员依法予以处分。

家是孩子的港湾，父母是孩子的摆渡人，家庭教育在孩子成长过程中至关重要。

我们真诚地希望，作为教育的各方责任主体——

老师，做好本职工作，负责学生的学校教育，没有校外培训的挤压。

家长，下班后参与到孩子的成长教育中，培养良好的亲子关系和家庭关系。

孩子，拥有更为轻松和快乐的童年。

3.反家庭暴力

啥是家庭暴力?

家庭暴力是家务事吗？

有人觉得，在家里吵吵闹闹，打打骂骂，是私事、家务事，别人管不着，错！大错特错！家庭暴力绝不是家务事！

《中华人民共和国反家庭暴力法》于2015年12月27日第十二届全国人民代表大会常务委员会第十八次会议通过，2016年3月1日起施行。

这部法律具有里程碑意义，它表明家庭暴力在我国不再被归为“家务事”，而是一个严重的社会问题。

受到家庭暴力怎么办?

如果你不幸遇到了家庭暴力，那么请一定听好：首先，请马上远离施暴者。

立刻报警！或者向单位、村委会、居委会、妇联等机构求助。如果无处可去，还可以寻找庇护机构。他们有责任帮助你。

《中华人民共和国反家庭暴力法》还有一个大亮点，就是只要你遭受了家暴，或者受到了家暴威胁，就可以向法院申请“人身安全保护令”。

什么是“人身安全保护令”呢?

啥？你说这些跟你没关系？错！如果你在学校、医院、居委会之类的地方工作，发现“这些人”被家暴而不报案，可是要承担法律责任的。如果受害人不方便的话，亲人、朋友也完全可以代为报案。

全国妇联妇女维权热线：12338
全国妇联反家暴热线：16838198
中国妇女维权与法律帮助网：www.12338.cn

国际反家庭暴力日

1960年的11月25日，多米尼加共和国的米拉贝尔三姐妹因为她们政治上的进步主张而被残酷地暗杀了，人们称三姐妹为“永生的蝴蝶”。

这一悲剧的发生唤醒了人们的社会意识，世界各国的妇女活动家们自1981年起，每年都在11月25日到12月10日的“世界人权日”这16天里开展大规模反对暴力、消除暴力的宣传活动。

1985年，第三次世界妇女大会通过了提高妇女地位的《到2000年提高妇女地位内罗毕前瞻性战略》，突出强调了针对妇女的暴力问题。

1989年，加拿大一名对妇女运动心怀不满的男性暴徒，在枪杀了14名年轻的工科女大学生之后自杀。

1991年11月25日，加拿大的一群男士认识到自己有责任站出来反对对妇女的暴力，决定将佩带白丝带作为个人宣言，表示佩带者承诺本人决不参与对妇女施暴，并且对针对妇女的暴力决不保持沉默。

短短六周内，加拿大约十万名男士佩带了白丝带。白丝带作为反对暴力的标志，象征着男人对男人的暴力不再宽恕，不再沉默。

每年的11月25日，都有男性戴上白丝带。目前，白丝带活动已在世界各地广泛开展，成为世界上规模最大的为消除对妇女的暴力而开展的以男士为主要对象的宣传活动。

1993年，联合国发表了《消除针对妇女的暴力宣言》，第一次给“对妇女的暴力行为”下了定义：即不论发生在公共场所或私人生活中，对妇女造成或可能造成身心上或性行为上的伤害或痛苦的任何基于性别的暴力行为。

1995年，第四次世界妇女大会在北京举行，反家庭暴力也是大会的一个主题，并成为通过的行动纲领的一项重点内容。1999年11月5日，由多米尼亚共和国提议，60多个国家支持，第54届联合国大会正式通过第134号决议，将每年的11月25日定为“国际反家庭暴力日”，将白丝带活动推向了高潮。其目的是作为一种机制来提醒各国政府：有责任消除对妇女的暴力，这是为阻止悲剧发生而采取的全球行动。

4. 防治职场性骚扰

啥是职场性骚扰？

职场性骚扰是指发生在工作场所（包括出差）的，以动作、语言、文字、图片、电子信息等方式实施的，与性有关的、违背员工意愿的行为。它可能发生在：老板与员工之间；领导与下属之间；同事之间；顾客、客户与员工之间等。

遭遇职场性骚扰怎么办?

（1）拒绝沉默，坚定说“不”。

（2）保留证据。

在平时跟骚扰者接触时，可以巧妙地利用录音、录像等工具记录性骚扰过程。注意保留手机短信、聊天记录、电子邮件等有骚扰信息的电子文档。电子信息需要及时到公证机构进行公证，以免被对方删除或者被质疑真实性。告诉同事或亲友性骚扰的事，请她（他）为你作证。

（3）及时向用人单位内部机构进行投诉。

（4）向工会、妇联等组织投诉。

（5）向公安机关报案。

（6）向法院起诉。

5.《民法典》中的妇女儿童保护

《中华人民共和国民法典》被誉为“社会生活的百科全书”，其中充分体现了对妇女儿童权益的保护。

一、性骚扰的禁止权

《民法典》第1010条：违背他人意愿，以言语、文字、图像、肢体行为等方式对他人实施性骚扰的，受害人有权依法请求行为人承担民事责任。机关、企业、学校等单位应当采取合理的预防、受理投诉、调查处置等措施，防止和制止利用职权、从属关系等实施性骚扰。

二、婚姻的撤销权

《民法典》第1052条：

因胁迫结婚的，受胁迫的一方可以向人民法院请求撤销婚姻。请求撤销婚姻的，应当自胁迫行为终止之日起一年内提出。被非法限制人身自由的当事人请求撤销婚姻的，应当自恢复人身自由之日起一年内提出。

《民法典》第1053条：

一方患有重大疾病的，应当在结婚登记前如实告知另一方；不如实告知的，另一方可以向人民法院请求撤销婚姻。请求撤销婚姻的，应当自知道或者应当知道撤销事由之日起一年内提出。

《民法典》第1054条：

无效的或者被撤销的婚姻自始没有法律约束力，当事人不具有夫妻的权利和义务。同居期间所得的财产，由当事人协议处理；协议不成的，由人民法院根据照顾无过错方的原则判决。对重婚导致的无效婚姻的财产处理，不得侵害合法婚姻当事人的财产权益。当事人所生的子女，适用本法关于父母子女的规定。婚姻无效或者被撤销的，无过错方有权请求损害赔偿。

三、离婚冷静期

《民法典》第1077条：

自婚姻登记机关收到离婚登记申请之日起三十日内，任何一方不愿意离婚的，可以向婚姻登记机关撤回离婚登记申请。

四、感情破裂离婚权

《民法典》第1079条：

夫妻一方要求离婚的，可以由有关组织进行调解或者直接向人民法院提起离婚诉讼。人民法院审理离婚案件，应当进行调解；如果感情确已破裂，调解无效的，应当准予离婚。

有下列情形之一，调解无效的，应当准予离婚：

（一）重婚或者与他人同居；

（二）实施家庭暴力或者虐待、遗弃家庭成员；

（三）有赌博、吸毒等恶习屡教不改；

（四）因感情不和分居满二年；

（五）其他导致夫妻感情破裂的情形。

一方被宣告失踪，另一方提起离婚诉讼的，应当准予离婚。

经人民法院判决不准离婚后，双方又分居满一年，一方再次提起离婚诉讼的，应当准予离婚。

五、夫妻共同的财产权

1.婚前财产:《民法典》第1065条:

男女双方可以约定婚姻关系存续期间所得的财产以及婚前财产归各自所有、共同所有或部分各自所有、部分共同所有。约定应当采用书面形式。

2.一方的财产:《民法典》第1063条:

有下列情况之一的，为夫妻一方的财产:

(一)一方的婚前财产;

(二)一方因受到人身损害获得的赔偿或补偿;

(三)遗嘱或赠与合同中确定只归一方的财产;

(四)一方专用的生活用品;

(五)其他应当归一方的财产。

3.共同财产:《民法典》第1062条:

夫妻在婚姻关系存续期间所得的下列财产，为夫妻的共同财产，归夫妻共同所有:

(一)工资、奖金、劳务报酬;

(二)生产、经营、投资的收益;

(三)知识产权的收益;

(四)继承或者受赠的财产，但是本法第一千零六十三条第三项规定的除外;

(五)其他应当归共同所有的财产。

夫妻对共同财产，有平等的处理权。

4.分割财产:《民法典》第1087条:

离婚时，夫妻的共同财产由双方协议处理；协议不成的，由人民法院根据财产的具体情况，按照照顾子女、女方和无过错方权益的原则判决。对夫或者妻在家庭土地承包经营中享有的权益等，应当依法予以保护。

六、无过错的索赔权

以下把无过错方列为有损害索赔权。

《民法典》第1091条：

有下列情形之一，导致离婚的，无过错方有权请求损害赔偿：

（一）重婚；

（二）与他人同居；

（三）实施家庭暴力；

（四）虐待、遗弃家庭成员；

（五）有其他重大过错。

七、幼儿的抚养权

不满两周岁孩子归为母亲直接抚养。

《民法典》第1084条：

父母与子女间的关系，不因父母离婚而消除。离婚后，子女无论由父或者母直接抚养，仍是父母双方的子女。

离婚后，父母对于子女仍有抚养、教育、保护的权利和义务。

离婚后，不满两周岁的子女，以由母亲直接抚养为原则。已满两周岁的子女，父母双方对抚养问题协议不成的，由人民法院根据双方的具体情况，按照最有利于未成年子女的原则判决。

八、夫妻共同债务的区分权

以下分别明确夫妻的共同债务的界定。

《民法典》第1064条：

夫妻双方共同签名或者夫妻一方事后追认等共同意思表示所负的债务，以及夫妻一方在婚姻关系存续期间以个人名义为家庭日常生活需要所负的债务，属于夫妻共同债务。

夫妻一方在婚姻关系存续期间以个人名义超出家庭日常生活需要所负的债务，不属于夫妻共同债务；但是，债权人能够证明该债务用于夫妻共同生活、共同生产经营或者基于夫妻双方共同意思表示的除外。

《民法典》第1065条：

夫妻对婚姻关系存续期间所得的财产约定归各自所有，夫或妻一方对外所负的债务，相对人知道该约定的，以夫或妻一方的个人财产清偿。

九、你必须了解的“两纲”

1.国务院妇女儿童工作委员会

1990年2月22日国务院妇女儿童工作协调委员会正式成立，取代了原由全国妇联牵头的全国儿童少年工作协调委员会，成为国务院负责妇女儿童工作的议事协调机构。

1993年8月4日，国务院妇女儿童工作协调委员会更名为国务院妇女儿童工作委员会，简称国务院妇儿工委。

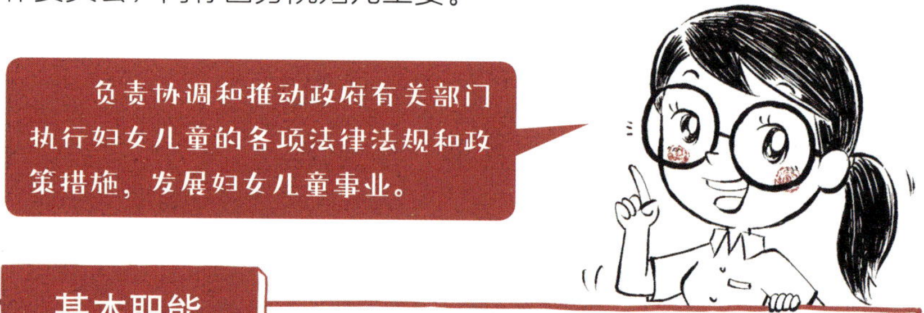

基本职能

——协调和推动政府有关部门做好维护妇女儿童权益工作；

——协调和推动政府有关部门制定和实施妇女和儿童发展纲要；

——协调和推动政府有关部门为开展妇女儿童工作和发展妇女儿童事业提供必要的人力、财力、物力；

——指导、督促和检查各省、自治区、直辖市人民政府妇女儿童工作委员会的工作。

组成单位

中央宣传部、中央网信办、外交部、国家发展改革委、教育部、科技部、工信部、国家民委、公安部、民政部、司法部、财政部、人力资源和社会保障部、自然资源部、生态环境部、住房城乡建设部、交通运输部、水利部、农业农村部、商务部、文化和旅游部、国家卫生健康委、应急部、市场监管总局、国家新闻出版广电总局、体育总局、国家统计局、国家医保局、国家乡村振兴局、全国总工会、共青团中央、全国妇联、中国科协、中国残联、中国关工委

国务院妇女儿童工作委员会的组成单位由国务院批准，目前有35个部委和人民团体。

国务院妇儿工委成立以来，落实男女平等基本国策，坚持儿童优先原则，致力于我国妇女儿童的保护和发展。

工作概况

- 协助国务院制定和颁布“两纲”。
- 指导推动地方各级政府制定实施妇女和儿童发展规划。
- 协调推动政府有关部门制定实施两纲的具体方案，实施妇女、儿童纲要，整体推进妇女儿童事业。
- 推动政府有关部门认真履行联合国《消除对妇女一切形式歧视公约》《儿童权利公约》等保护妇女儿童权益的国际公约。
- 建立健全妇女、儿童纲要的监测评估机制，制定监测评估体系，开展国家级监测评估。
- 组织培训，加强政府领导执行纲要的能力建设。
- 开展宣传，提高全社会男女平等观念和儿童优先意识，动员社会各界关心支持妇女儿童事业、参与纲要实施，营造尊重妇女、爱护儿童的社会环境。
- 发挥议事协调作用，协助有关部门解决妇女儿童发展中的突出问题，依法保护妇女儿童合法权益。

国务院妇女儿童工作委员会办公室

国务院妇女儿童工作委员会办公室是国务院妇儿工委的日常办事机构，设在全国妇联。

工作职责

——编制中国妇女和儿童发展纲要并组织实施和监测评估；

——协调和推动国务院妇儿工委35个成员单位做好维护妇女儿童权益，实施妇女、儿童纲要工作；

——开展调查研究，为委员会决策妇女儿童发展中的重大问题提供依据；

——承办全国妇女儿童工作会、国务院妇女儿童工作委员会全委会、专题会和经验交流与表彰工作；

——指导省级妇女儿童工作委员会办公室的工作；

——负责日常行政事务，编发各类文件，并完成国务院妇女儿童工作委员会交办的其他工作。

2.妇女、儿童发展纲要

“两纲”是我国妇女儿童核心政策，分别指国务院妇女儿童工作委员会支持制定的《中国妇女发展纲要》和《中国儿童发展纲要》。

我国制定的纲要分别有：

——九十年代中国儿童发展规划纲要
——中国妇女发展纲要（1995—2000年）
——中国儿童发展纲要（2001—2010年）
中国妇女发展纲要（2001—2010年）
——中国儿童发展纲要（2011—2020年）
中国妇女发展纲要（2011—2020年）
——中国儿童发展纲要（2021—2030年）
中国妇女发展纲要（2021—2030年）

最新的两纲是2021年9月国务院印发的《中国妇女发展纲要（2021—2030年）》和《中国儿童发展纲要（2021—2030年）》。新两纲从健康、教育、社会保障等方面详细规定了未来十年促进中国妇女儿童发展、保障儿童合法权益的目标和策略措施。

3.儿童友好城市建设

儿童友好城市是一个不断发展的概念，它源于联合国在1989年通过的《儿童权利公约》中提出的儿童具有生命权、受保护权、发展权与参与权四大权利，儿童友好的最基本内涵就是尊重儿童的这些基本权利。

1996年联合国儿童基金会及联合国人居署正式提出“儿童友好型城市”，建议将儿童的根本需求纳入街区或城市的规划之中，即通过一定的措施，提升原有街区或城市的儿童友好度。

儿童友好城市的最终目标是通过倡导儿童优先理念，鼓励政府制定实施促进儿童发展的政策体系和公共服务体系，保障儿童的健康、教育、福利和安全，促进儿童生存、发展、受保护和参与权利的实现。

2021年，国家发改委、国务院妇儿工委办公室、全国妇联等23个部门联合印发《关于推进儿童友好城市建设的指导意见》。《意见》提出：

到2035年，预计全国百万以上人口城市开展儿童友好城市建设的超过50%，100个左右的城市被命名为国家儿童友好城市，儿童友好成为城市高质量发展的重要标志，儿童友好理念成为全社会共识和全民自觉，广大儿童享有更加美好的生活。

儿童友好城市

《指导意见》明确了我国儿童友好城市建设的重点内容：

1.城市规划建设要体现儿童视角

引入“1 米高度看城市”儿童视角，推进儿童友好理念融入城市规划建设。制定城市各类儿童友好空间与设施规划建设标准，完善城市功能布局，优化公共空间设计，推进城市建设适应儿童身心发展，满足儿童服务和活动需求。

2. 要丰富儿童文体服务供给

合理规划文体设施布局和功能，推进图书馆、文化馆、美术馆等向儿童免费开放，推动有条件的公共体育设施向儿童低收费或免费开放，组织面向儿童的阅读推广、文艺演出、展览游览等活动。制修订面向儿童的体育设施器材等标准，加强儿童体质监测，丰富儿童体育赛事活动，加强从业人员队伍建设。

3. 推进城市公共空间适儿化改造

加强城市街区、社区、道路以及学校、医院、公园、公共图书馆、体育场所、绿地、公共交通等各类服务设施和场地适儿化改造。建设适合儿童的服务设施和标识标牌系统，推动公共场所建设母婴室、儿童厕位及洗手池、儿童休息活动区等。加强儿童友好街区建设。

4.开展儿童友好社区建设

建设社区儿童之家等公共空间，为儿童提供文体活动和阅读娱乐场所。增加社区儿童“微空间”，鼓励社区打造儿童“游戏角落”，提供适龄儿童步行路径和探索空间，合理增设室内外安全游戏活动设施。

5.开展儿童友好自然生态建设

建设健康生态环境，推动开展城市儿童活动空间生态环境风险识别与评估评价。推动建设具备科普、体验等多功能的自然教育基地。开展儿童友好公园建设，推进城市和郊野公园设置游戏区域和游憩设施，合理改造利用绿地，增加儿童户外活动空间。

6.服务儿童看病就医和医疗保障

以儿童医院、妇幼保健机构、综合医院儿科、乡镇卫生院、社区卫生服务中心为重点，以儿科和儿童保健科为支撑，加强儿童医疗服务网络建设，提供优质诊疗服务。加强新生儿科等儿科医师培训，完善相关人才发展激励机制。强化基本医保、大病保险与医疗救助三重制度综合保障功能，做好儿童基本医疗保障工作。开展儿童友好医院建设。

7.改善儿童安全出行体验

完善慢行交通体系，加强人行道、自行车道规划建设，优化校园周边步行线路规划和人行设施，保障儿童出行安全。加快完善城市公共交通场站、过街无障碍设施。加强交通安全教育，增强儿童安全出行能力。

8. 持续净化网络环境

加强网络环境保护，聚焦网络直播、网络游戏等儿童上网重点环节和应用，及时发现和处置危害儿童身心健康的不良信息，严厉查处违法违规行为。加大儿童用户量集中的网络平台日常监管，规范涉儿童相关网站管理，压实互联网企业维护网络环境责任。

十、妇联还是公益达人

1.两癌筛查救治

乳腺癌、宫颈癌是危害女性健康的两大杀手，近年发病率有不断增加和年轻化的趋势。

乳腺癌是“看得见，摸得着”的癌症，早期患者的5年生存率可达93%。宫颈癌病因明确，可防可治，通过预防可将其发病率降低50%—60%。目前，两癌筛查已成为妇联造福广大适龄妇女的一项民生工程。

大家可以关注当地妇联的相关公众号，一般会在三八妇女节或者国庆节时发布免费筛查通知。
人民医院
妇幼保健院
疾控中心
本地宝
……

条件：
35—64岁
已婚女性
本地户口
（本地常住）
符合条件的姐妹可以去进行检查。这是非常好的机会！我们共同努力，把病症扼杀在摇篮里！

2. 中国妇女发展基金会

中国妇女发展基金会
China Women's Development Foundation

全　　称：中国妇女发展基金会

简　　称：中国妇基会

英文名称：China Women's Development Foundation

英文缩写：CWDF

成立时间：1988年12月由全国妇联发起成立

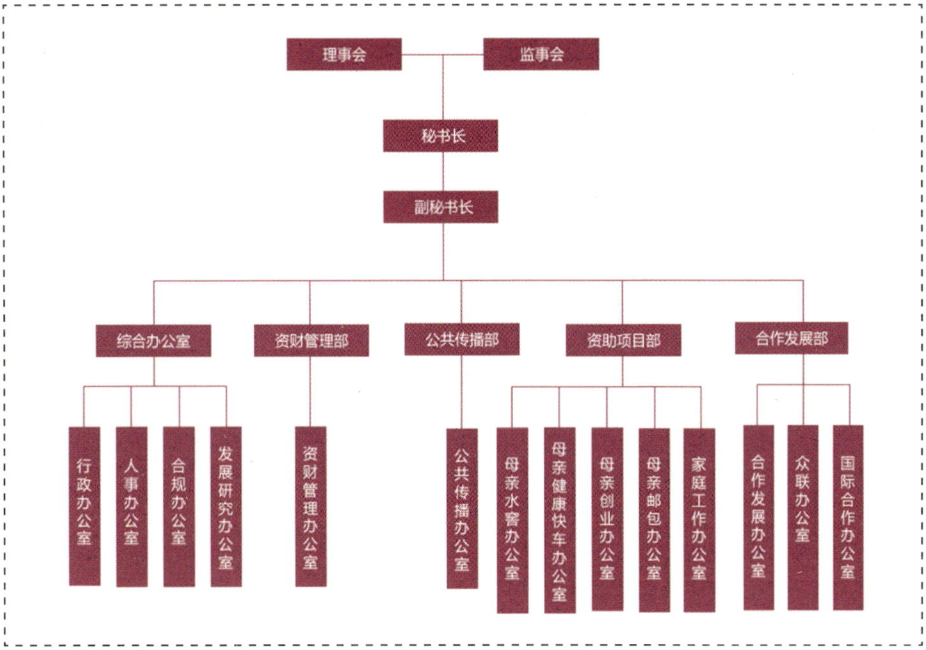

中国妇女发展基金会组织架构

中国妇基会是全国性公募基金会，其面向公众募捐的地域是中国以及许可中国妇基会募捐的国家和地区。

宗　旨：维护妇女权益，提高妇女素质，促进妇女和妇女事业发展，为构建和谐社会作出应有的贡献。

使　命：建设值得信任、透明高效的女性公益平台，凝聚善的力量，助力妇女全面发展，共建共享美好世界。

愿　景：让每个妇女都能共享经济社会发展成果，实现人生理想和梦想。

价值观：慈善为本、公信至上、精治基业、创新求进。

理　念：坚韧不拔、恪守责任、和谐关爱、共同成长。

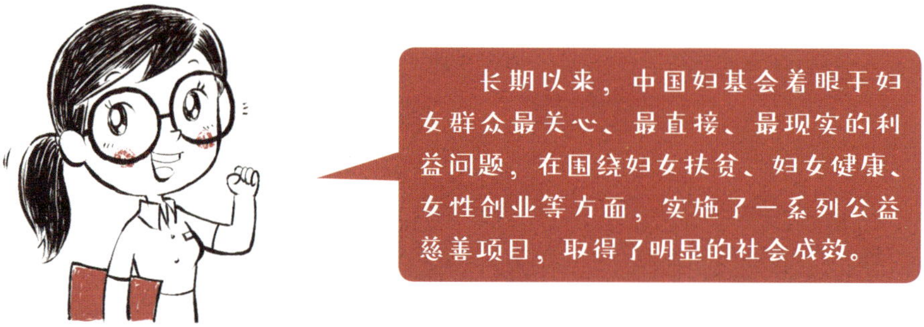

母亲小额循环、母亲水窖、贫困英模母亲资助计划、母亲邮包、超仁妈妈、加油木兰、母亲健康快车，这7个项目分别获得中国政府最高慈善奖项——中华慈善奖。

中国妇女发展基金会品牌项目：
“母亲水窖”项目

母亲水窖
WATER CELLAR FOR MOTHERS

该项目是2001年开始实施的一项集中供水工程，重点帮助西部地区老百姓特别是妇女摆脱因严重缺水带来的贫困和落后。项目先后被载入《中国农村扶贫开发白皮书》《中国性别平等与妇女发展状况白皮书》，2005年获得首届中华慈善奖，2015年国际编号207715号小行星被命名为“母亲水窖星”。

截至2019年底，该项目在以西部为主的25个省（区、市）修建分散式供水工程13.97万个，集中供水工程1890处，校园安全饮水项目939个，共318万余人受益。

中国妇女发展基金会品牌项目：
“母亲健康快车”项目

该项目于2003年7月12日在北京正式启动，为贫困偏远地区提供转运、巡诊医疗救护车，保障母子平安。项目严格按照“送健康理念、送健康知识、送健康服务”的宗旨，以保障母子平安和妇女儿童健康权益为目的，在降低妇科病发病率，特别在配合政府开展降低孕产妇死亡率、婴幼儿死亡率和消除新生儿破伤风项目中正发挥着独特作用。截至2021年底，项目向全国30个省（区、市）2000多家基层医疗单位捐赠2945辆“母亲健康快车”及车载设备，受益人次达7870万。

中国妇女发展基金会品牌项目：
“母亲邮包”项目

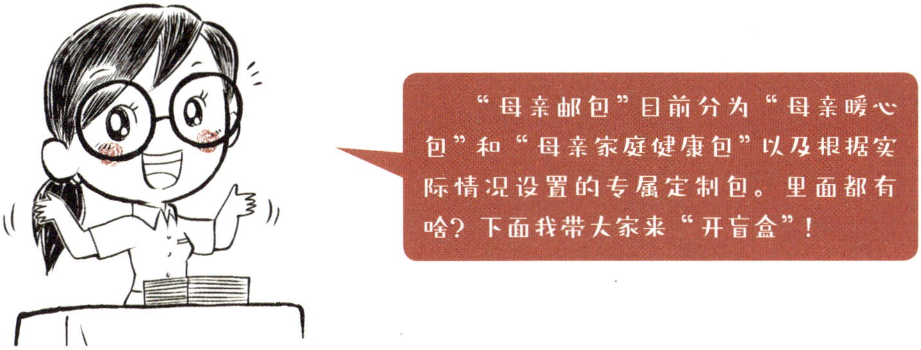

母亲暖心包：

内含围巾、棉帽、棉马甲、手套、毯子、袜子等御寒相关产品。

母亲家庭健康包：

内含小药箱、指甲刀套装、床上用品、电子血压计、拔罐器、护腰带等家庭健康相关产品。

母亲邮包
Mother's Parcel Post

该项目于2012年5月正式启动，以关爱贫困母亲为主题，依托全国邮政网点通过母亲邮包的形式为贫困母亲送去生活必需品，帮助解决生活中的困难，传递一份社会正能量。项目实施以来，严格按照“服务妇女、贴近实际、便捷有效”的公益宗旨，在针对妇女群体的扶贫济困及应急救灾中正发挥着独特作用。

截至2019年12月，项目累计实施资金1.4143亿余元，共为31个省区市的贫困母亲及家庭发放母亲邮包89万余个，89万余名贫困母亲从中受益。

中国妇女发展基金会品牌项目：
“@她创业计划”项目

@她创业计划

RAISE HER BUSINESS PLAN

2015年，为适应互联网和数字经济时代发展，支持更多的女性创就业，对1996年开始实施的“母亲创业循环金”项目进行转型升级，启动“@她创业计划”。该项目助力女性创就业、带动女性尤其是困境女性实现创业增收和可持续发展；并通过举办论坛、培训等，提升女性领导力和社会责任感，带动影响更多女性实现经济自立和发展。

截至2019年底，“@她创业计划”项目已累计发放循环金近3.6亿人民币，覆盖20余个省（区、市），帮助近42万名女性实现创业和再就业，辐射带动355万余人脱贫致富。

3. 中国儿童少年基金会

中国儿童少年基金会
CHINA CHILDREN AND TEENAGERS'FUND

全　　称：中国儿童少年基金会

简　　称：中国儿基会

英文名称：CHINA CHILDREN AND TEENAGERS' FUND

成立时间：1981年7月28日

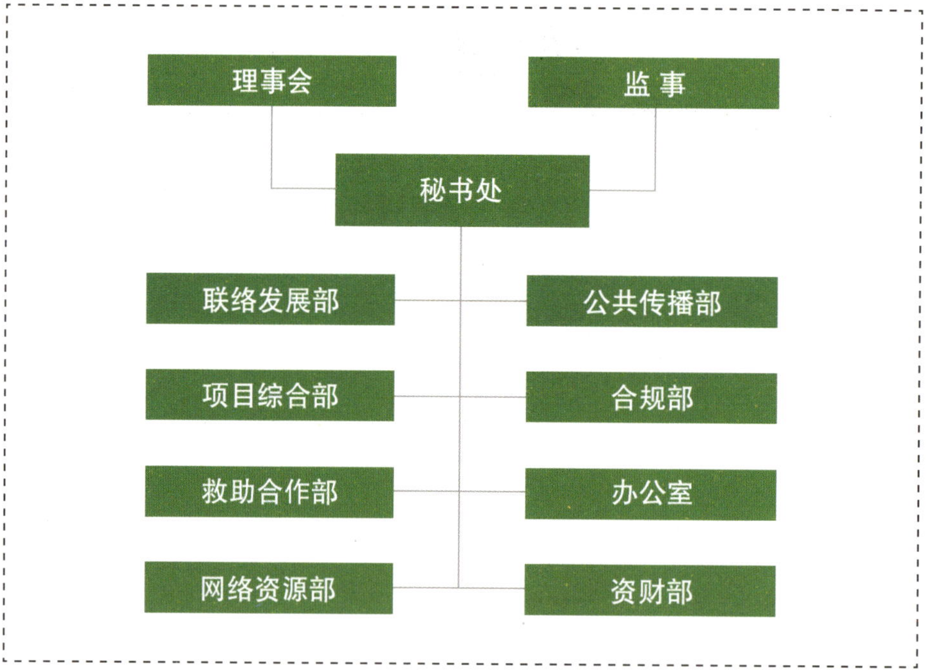

中国儿童少年基金会组织架构

中国儿童少年基金会是新中国成立后的第一家国家级公募基金会，隶属于全国妇联。

宗　旨：致力于推动儿童少年事业发展和促进儿童少年全面发展，为广大儿童少年平等享有美好生活创造更多机会

使　命：为党育人、为国育才

愿　景：让每个孩子都能拥抱精彩人生，让每个女童都能拥有美好未来

价值观：机构层面：前瞻而高远　求真而务实　强大而持续

伙伴层面：共生　专业　服务

团队层面：担当　奋进　高效

中国儿童少年基金会品牌项目：
春蕾计划

1989年，全国妇联、中国儿基会发起并组织实施了一项救助贫困地区失学女童重返校园的社会公益项目——“春蕾计划”。现已成为中国民间公益组织促进女童教育发展的最成功、最有影响力的范例。这里的女童，泛指学龄前女童及小学、中学、大学阶段的女学生。

春蕾计划

该项目于1989年发起实施，致力于改善贫困家庭女童受教育状况，截至2019年，该项目累计筹集社会爱心捐款21亿元，捐赠人数达2784万人次，在全国范围内资助春蕾女童超369万人次。

2019年9月，启动“春蕾计划——梦想未来”行动，坚持立德树人根本任务，坚守服务女童初衷，着力实施以困难家庭女童助学为重点的求学圆梦行动、以女童保护为重点的安全健康行动、以女童研学为载体的社会实践行动、以女童结对帮扶为形式的牵手成长行动，通过资金资助、思想引领、精神激励、陪伴服务等工作开启“春蕾计划”新征程。

中国儿童少年基金会品牌项目：儿童快乐家园

在我国快速城市化的进程中，农村富余劳动力向城镇转移催生出了“留守流动儿童”这一特殊的未成年人群体。留守儿童能否健康成长，事关社会的和谐稳定和国家的发展与未来。全国妇联、中国儿基会于2014年，面向留守儿童集中的村镇社区，推出了“儿童快乐家园”公益项目。

儿童快乐家园　该项目于2014年面向留守儿童集中的村镇社区推出，旨在为留守儿童提供学习生活、亲情关爱、安全保护和心理健康等服务，同时以“儿童快乐家园”为阵地，开展亲子视频、亲子课堂、亲子阅读、亲子游戏，以增进亲情交流，加强家庭教育科学知识的宣传普及，优化儿童成长的家庭和社会环境。

截至2019年底，已经在全国31个省（区、市）和新疆生产建设兵团捐建1233个“儿童快乐家园”，共投入1.233亿元，受益儿童近70万人。

中国儿童少年基金会品牌项目：
HELLO小孩

该项目于2015年组织发起，依托妇联组织的网络优势，主要面向困境儿童和受自然灾害、突发事件等影响的儿童，为他们提供爱心套餐。爱心套餐分为日常套餐和灾后应急套餐两种，内含学习、生活、文体、应急4类用品。“HELLO”是亲切的招呼，是诚挚的问候，项目通过爱心套餐的形式为需要帮助的儿童送去社会各界的问候和关爱。

截至2019年12月，“HELLO小孩”公益项目的捐助已遍布全国30个省区市，惠及儿童211706名。

中国儿童少年基金会品牌项目：告白行动

白癜风“告白行动”
VITILIGO FAREWELL ACTION

该项目于2015年4月启动，以“援助一个孩子，幸福一个家庭”为宗旨，开展系列“关爱儿童青少年白癜风患者身心健康、慈善救助和公益宣传”等。通过向社会募集资金和专项拨款的形式对家庭贫困的儿童青少年白癜风患者进行慈善救助。

活动目前实施了关爱农村白癜风患儿下乡公益行、关爱困境青少年暑期拓展训练营、“益起告白一起爱”公益活动、“美丽心灵，健康成长”快乐课堂等多个项目。

截至目前，白癜风“告白行动”已援助来自全国20余省的千余名白癜风患儿和家庭。帮助他们获得及时科学诊治，重获健康，取得阶段性公益成果。

十一、香港、澳门、台湾的妇女组织

1.香港妇女组织

香港各界妇女联合协进会（简称：香港妇协）于1993年6月28日成立，是一个不牟利及非政治团体。该会主旨为团结各界妇女，关注香港事务，争取和维护妇女合法权益，及与全球妇女组织保持交流和联系。该会会员来自各阶层、各地区、各种族、各行业，包括工商界行政人员、专业人士、在职妇女、家庭主妇，以及热心推动妇女工作的女性。随着社会不断发展，妇女在不同的岗位上都有出色的表现，今日香港妇女已成为社会一股主流的力量，而香港妇协汇集各界人才各展所长，发挥稳定家庭和社会的作用，并平衡不同的意见及需要，同心协力，为香港作出贡献。

香港各界婦女聯合協進會
Hong Kong Federation of Women

2.澳门妇女组织

澳门妇女联合总会（简称妇联总会）于1950年成立，为不牟利社会服务团体，以增进澳门妇女之爱国爱澳团结，密切联系各阶层妇女，维护妇女儿童合法权益；发展妇女儿童事业，开展妇女文化康体活动，提升妇女素质和地位；推动妇女关心社会、服务社群，促进和谐家庭建设，共建繁荣稳定的特区为宗旨。

1949年10月，由妇女先进成立“澳门民主妇联筹备委员会”，开办妇女免费识字班、工余女子夜校、妇联托儿所、妇联学校等，后经筹委会的努力，于1950年5月21日成立以增进澳门妇女之爱国团结，关心社会、服务社会，办好妇女儿童福利事业、维护妇女合法权益为宗旨的妇女组织——“澳门民主妇女联合会”，1958年6月7日，易名为“澳门妇女联合会”。

3. 台湾妇女组织

（1）社会运动性妇女组织。

成员以精英妇女为主，如财团法人妇女新知基金会、社团法人妇女新知协会、台湾地区妇女联合会、现代妇女基金”、财团法人妇女权益促进发展基金会等。

（2）咨询、支持与援助性的妇女组织。

主要为需要帮助的妇女群体提供咨询、支持与援助性服务，如社团法人晚晴妇女协会、南洋台湾姐妹协会、台湾性别人权协会、外籍配偶关怀成长协会、日日春关怀互助协会、社团法人、台湾妇女展业协会等。

（3）服务社区及弱势群体的妇女组织。

主要是为社区基层妇女提供咨询、支持与关怀性服务，如台北市西区单亲家庭服务中心、埔里爱乡关怀协会、台中市社区妇女成长协会、社团法人高雄市故事妈妈协会、基层妇女后援会、台北市社区妇女成长协会等。

十二、我们的朋友遍天下

1.妇女民间外交

中国高度重视开展妇女领域的国际交流与合作。大力支持妇女和以妇联为代表的妇女组织积极同世界各国妇女交朋友、建友谊，互鉴学习、共促发展，中国妇女的“朋友圈”越来越大。

积极参与和承办国际会议，推动全球妇女发展。

新中国成立之初，我国积极支持妇女组织参加国际民主妇联、举办亚洲妇女代表会议，拉开妇女外交序幕。

认真履行国际义务，体现大国责任担当。

中国积极签署和批准联合国性别平等领域国际文书，全力推动男女平等和妇女发展进程。

作为联合国妇女地位委员会成员国和第四次世界妇女大会承办国，连续颁布实施中国妇女发展纲要，积极落实《北京宣言》和《行动纲领》十二个关切领域的战略目标，定期提交执行情况国家报告。

认真落实2030年可持续发展议程，在国别方案中将涉及妇女和女童权能目标列为优先事项，落实部门责任，在多项发展目标上取得积极进展。

开展对话交流，促进互鉴共享。

中国高度重视支持妇女领域的对外交流。目前已与145个国家，429个妇女组织、机构以及联合国相关组织和专门机构保持友好交往。

开展务实合作，推动共同发展。

连续四年向联合国妇女署捐款，为联合国推动性别平等和促进妇女发展提供支持。

落实援助发展中国家妇女的承诺，2015—2020年帮助发展中国家实施100个“快乐校园工程”和100个“妇幼健康工程”，邀请3万名妇女来华培训，在当地培训10万名女性职业技术人员。

在13个国家建立中外妇女培训（交流）中心，向共建“一带一路”的国家提供小额物资援助，帮助当地妇女改善生产生活条件，加强能力建设。

2015年以来，全国妇联为98个国家培训了2000多名妇女骨干。

妇女在外交事务中的作用日益彰显。

1982年至今，中国代表九次当选联合国消除对妇女歧视委员会委员。

中国是联合国维和行动的主要出资国之一，是安理会常任理事国第一大出兵国，参加联合国维和行动的妇女近千人。中国赴南苏丹维和步兵营有一支女战士组成的战斗班，首位外派执行维和任务的女指挥官毛屏被黎巴嫩政府授予“杰出女性奖”。

国家外交领域活跃着一批女外交官，截至2018年10月，中国有女外交官2065人，占外交官总数的33.1%，其中女大使14人、女总领事21人、处级以上女参赞326人。妇女在外交事务中充分展示巾帼风采，贡献智慧和力量。

2.与联合国机构交流合作

第四次世界妇女大会

1995年，具有里程碑意义的联合国第四次世界妇女大会在北京成功举办。189个国家的政府代表、联合国系统各组织和专门机构，有关政府间和非政府组织代表共1.5万多人与会，参加非政府组织论坛的代表达3.1万人。

北京世妇会是迄今为止参加人数最多的联合国会议，也是中国承办的规模最大的国际会议，有力地彰显了中国作为负责任大国的责任担当。

特别是中国在大会上提出“把男女平等作为促进我国社会发展的一项基本国策”，赢得了国际社会的认同和赞赏。会议通过的《北京宣言》和《行动纲领》直到今天依然是指导今后一个时期国际妇女运动的纲领性文件。

敲黑板，划重点！

世界妇女大会（World Women Conference）又称联合国世界妇女大会，是世界妇女组织的重要会议，目前共举办过四届。妇女问题一向是联合国社会和发展领域的重点之一。

世界妇女组织是推动世界妇女事业发展的重要平台，也是维护社会公正、推进各国社会事业发展的重要举措。举办世界妇女大会是总结世界妇女事业发展的成果，对探求进一步推动世界妇女事业发展的途径，具有十分重要的意义。

光辉历史

第一届

1972年在联合国妇女地位委员会24届会议上，将1975年定为“国际妇女年”，并确定该年的重要活动是召开一次专门讨论妇女问题的世界性政府间会议，即第一次世界妇女大会。举办地点：墨西哥。会议通过了《墨西哥城宣言》和《世界行动计划》，并将1976—1985年定为“联合国妇女十年：平等、发展与和平”。

第二届

第二次世界妇女大会于1980年在丹麦首都哥本哈根召开。

会议通过了《联合国妇女十年后半期行动纲领》，并举行了《消除对妇女一切形式歧视公约》的签字仪式。

第三届

第三次世界妇女大会于1985年在肯尼亚首都内罗毕举行。

会议审查和评价了联合国妇女十年的成就和存在的问题，通过了《到2000年提高妇女地位内罗毕前瞻性战略》。

第四届

第四次世界妇女大会于1995年在中国首都北京举行。大会制定并通过了《北京宣言》和《行动纲领》，指出了提高全球妇女地位的主要障碍，制定了今后的战略目标和具体行动。

· 世界妇女组织拟召开第五次世界妇女大会

联合国秘书长发言人办公室2012年3月8日曾发表声明说，在三八国际妇女节之际，联合国秘书长潘基文和第66届联合国大会主席纳赛尔联合提议2015年召开第五届世界妇女大会，讨论当今世界面临的诸多挑战对妇女产生的种种影响，后因不可预测因素未提上议程，直到世界妇女组织新任总干事安格拉·罗接任将世界妇女大会重新提上议程。

2015年全球妇女峰会

2015年适值联合国成立70周年、联合国第四次世界妇女大会召开20周年。9月，中国与联合国妇女署在纽约联合国总部成功举办全球妇女峰会。

Global Summit of Women

中国国家主席习近平主持会议并在开幕式上发表题为《促进妇女全面发展　共建共享美好世界》的重要讲话，全面阐述促进妇女全面发展、共建共享美好世界的中国观点，提出推动妇女与经济社会同步发展、积极保障妇女权益、努力构建和谐包容的社会文化、创造有利于妇女发展的国际环境四点主张，承诺支持联合国妇女署建设、为发展中国家妇女提供切实援助。

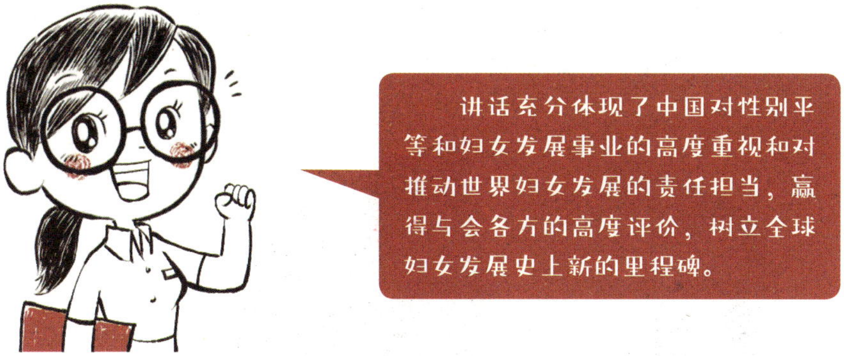

习近平强调，在中国人民追求美好生活的过程中，每一位妇女都有人生出彩和梦想成真的机会。中国将更加积极贯彻男女平等基本国策，发挥妇女“半边天”作用，支持妇女建功立业、实现人生理想和梦想。

峰会共有141个国家和4个地区组织与会，85位国家元首和政府首脑出席，一致承诺加速执行北京行动纲领、消除性别歧视、促进性别平等。峰会是该届联大期间规模最大、级别最高的一次专题会议。

时任联合国秘书长潘基文说：

后 记

到中国妇女报社工作之后，每年之中，大概要有一多半的时间在基层一线采访，我打交道最多的，也是各级妇联工作人员。她们的所思所想、所忧所盼，基本上了解的八九不离十。

近年来，按照中央对群团改革的要求，妇联组织的改革力度越来越大，妇联组织的工作舞台越来越宽广，妇联组织在基层社会治理中所起到的作用也越来越大。同时，也有越来越多的年轻人来到妇联工作，让妇联组织队伍逐步年轻化、知识化，随之，更加专业化也成为对这支队伍更高的要求。妇联工作人员在工作中困惑最多的，一是社会各界对于妇联那些根深蒂固的刻板印象和误解，二是希望能有一本权威的工具书，帮助她们、也帮助社会各界了解妇联组织的作用，讲清妇联组织的工作内容。

有鉴于此，我便有了策划出版一本能够把权威性、实用性、趣味性完美结合的“妇联工作工具书”的想法。于是，我再次找到了威海市漫画家协会主席李强。我与李强主席在2020年初结缘，在仅仅通过几次电话、素未谋面的情况下，便一起合作了《看我巾帼战“疫”七十二变》这本全景式展现女性在战“疫”中重要作用的漫画书，并且收获了一系列奖项和读者的好评。钦佩于他认真负责、精益求精、追求完美的工作态度，同时对他的绘画风格非常喜欢，我们在2021年又合作出版了《漫说家风》一书，从此他戏称“已经被我引入妇联领域而不能自拔”。这次再度牵手合作，既是对之前合作的提升，相信更是之后一系列漫说图书策划的开始。

策划出版这本书的时候，我也陆续征求了一部分基层妇联工作人员的意见和建议，并得到她们对这本图书的热切期盼。

在之前已经出版的几本书的后记中，我曾经多次感叹图书出版的艰辛和对心力、脑力、体力的耗费。策划出版这本书依然是这样一个复杂的过程，搭建框架、搜集资料、磨合文案、创作漫画、排版审校等一系列烦琐而辛苦的步骤，一步也不能少，并没有因为之前有些还算成功的经验而省略。中间甚至曾有过短暂的迷茫而一度想过放弃，但好在我们一次又一次统一了思想，并且用“正因为没人做过这项工作，所以才会艰难”“我们现在做，是在填补空白，这是很有意义的一件事情”类似于这样的自我安慰激励自己。当然，值得继续努力下去的，还有那种把美好创意变成沉甸甸的重磅图书之后的成就感，以及无数基层妇联工作人员的期盼。

在这里，我要感谢中国妇女报社社长、总编辑孙钱斌先生，他见证了我之前几套图书的出版，也充分肯定并高度评价了我的新书出版计划，并在图书的编辑过程中给予我很多高屋建瓴的意见和建议。书稿初排后，他认真阅读并审定，提出非常具体的修改意见，还在百忙之中为本书作序，让本书的格局得以提升。

我要感谢著名妇女理论研究专家——中国妇女研究会副会长，厦门大学教授、博士生导师，山东女子学院特聘教授叶文振先生，他在身体刚刚康复的情况下，数次和我通话，对本书提出了非常有建设性的意见和建议，也提出了更高的期望，他欣然同意为本书作序，给予我们后辈肯定、勉励和支持，用他自己在妇女研究领域泰山北斗级的学术力量为本书加持。

我要感谢本书文案最初的搜集和整理者周璇老师，她之前在妇联宣传系统工作很多年，现在从事教育行业，她对妇联工作有着很深的了解，在文案最初的搜集和整理上，可谓得心应手，但确实费心费力。

我要感谢山东女子学院传媒学院副院长郭静老师、传媒学院青年才俊肖辉馨老师，以及济南泥乐脱口秀俱乐部编剧陈腾先生，他们为本书文案的生动化、趣味化做了很多修补工作。

我要感谢山东人民出版社副总编辑王海涛先生、本书责编谭天先生。王海涛先生是我2020年出版的《看我巾帼战“疫”七十二变》一书的责任编辑，当时合作就很愉快。他以超强的专业能力和对市场的预判把握，为本书的出版谋划了很好的市场前景。谭天先生在本书的编辑过程中提出了很多很专业的意见。

同时，身边还有很多好朋友在本书编辑、出版过程中，或给予我很多很好的建议，或给予我各种无私的帮助，或给予我默默的支持，这些朋友的鼓励、信任和支持，是本书得以坚持下来并最终出版的力量源泉，在此一并致谢。

限于我们的能力和水平，本书肯定存在着很多不完善的地方，期待着出版之后能够得到读者诸君的指正，以便再版时修正。最后，我想说的是：如果因为这本书而能够让社会各界对妇联的工作和作用有更多、更深、更详细的了解；如果因为这本书而能够让所有的妇联工作人员更加热爱自己所从事的这项工作，并为此感到骄傲和自豪；如果因为这本书而能够让那些曾经从事过妇联工作的人们，对那段工作经历有所怀念并感到美好，那便是本书出版的价值和意义所在。

姚　建

2023年2月于敬书房